T0209802

essentials

essentials liefern aktuelles Wissen in konzentrierter Form. Die Essenz dessen, worauf es als „State-of-the-Art" in der gegenwärtigen Fachdiskussion oder in der Praxis ankommt. *essentials* informieren schnell, unkompliziert und verständlich

- als Einführung in ein aktuelles Thema aus Ihrem Fachgebiet
- als Einstieg in ein für Sie noch unbekanntes Themenfeld
- als Einblick, um zum Thema mitreden zu können

Die Bücher in elektronischer und gedruckter Form bringen das Expertenwissen von Springer-Fachautoren kompakt zur Darstellung. Sie sind besonders für die Nutzung als eBook auf Tablet-PCs, eBook-Readern und Smartphones geeignet. *essentials:* Wissensbausteine aus den Wirtschafts-, Sozial- und Geisteswissenschaften, aus Technik und Naturwissenschaften sowie aus Medizin, Psychologie und Gesundheitsberufen. Von renommierten Autoren aller Springer-Verlagsmarken.

Weitere Bände in der Reihe http://www.springer.com/series/13088

Thomas Steininger

Der Einsatz psychologischer Testverfahren in Unternehmen

Ein Leitfaden für Anwender und solche, die es werden wollen

 Springer

Thomas Steininger
München, Deutschland

ISSN 2197-6708   ISSN 2197-6716   (electronic)
essentials
ISBN 978-3-658-28461-9   ISBN 978-3-658-28462-6   (eBook)
https://doi.org/10.1007/978-3-658-28462-6

Die Deutsche Nationalbibliothek verzeichnet diese Publikation in der Deutschen Nationalbibliografie; detaillierte bibliografische Daten sind im Internet über http://dnb.d-nb.de abrufbar.

Springer ist ein Imprint der eingetragenen Gesellschaft Springer Fachmedien Wiesbaden GmbH und ist ein Teil von Springer Nature.
Die Anschrift der Gesellschaft ist: Abraham-Lincoln-Str. 46, 65189 Wiesbaden, Germany

Was Sie in diesem *essential* finden können

- Was psychologische Testverfahren sind, welche Arten es gibt und wie sich deren Qualität einschätzen lässt.
- Wie Testverfahren durchgeführt werden und wo ihr Einsatz in Unternehmen einen Mehrwert liefern kann.
- Was bei der Auswahl und Anwendung von Testverfahren in Unternehmen sowie bei der Interpretation der Ergebnisse beachtet werden sollte.

Inhaltsverzeichnis

Einleitung

Dass die Identifizierung, Gewinnung, Entwicklung sowie die längerfristige Bindung von geeigneten Mitarbeiterinnen und Mitarbeitern zunehmend erfolgsentscheidende Faktoren für Unternehmen werden oder bereits sind, darüber besteht in Forschung und Praxis seit Längerem Einigkeit. Weitgehend unumstritten ist ebenfalls, dass sich aufgrund rasanter technologischer und weltwirtschaftlicher Veränderungen auch Arbeitsplätze und Arbeitsbedingungen immer schneller wandeln und hierdurch überfachliche Qualifikationen zunehmend an Bedeutung gewinnen.

Vor diesem Hintergrund ist es erstaunlich, dass qualitativ hochwertige psychologische Testverfahren, die bei Personalauswahl und -entwicklung gerade im Bereich dieser „soft-facts" nachweislich einen wertvollen Beitrag leisten können, in Deutschland vergleichsweise selten eingesetzt werden (siehe z. B. Hossiep et al. 2015).

Tatsächlich zeigen sich bei Führungskräften, Betriebsräten und Mitarbeitern häufig große Vorbehalte und Vorurteile gegenüber Testverfahren. Nicht selten sind die Gründe hierfür in mangelndem Wissen oder in vorherigen schlechten Erfahrungen zu finden. Andererseits werden viel zu häufig sehr fragwürdige und wenig wissenschaftliche Verfahren angewendet, was möglicherweise noch schädlicher ist, als ganz auf Tests zu verzichten (siehe hierzu u. a. Buse und Kramer 2013; Kanning 2012).

Da psychologische Testverfahren nur in wenigen Studien- und Ausbildungsgängen ausführlich behandelt werden, ist es nicht verwunderlich, dass in Unternehmen (auch in Personalabteilungen) häufig wenig spezifische Fachkompetenz vorhanden ist (Kanning 2012, S. 108). Diese ist aber unbedingt erforderlich, um eine wirksame und verantwortungsvolle Anwendung im Unternehmen zu gewährleisten. Insbesondere wenn man bedenkt, wie groß die negativen Auswirkungen

schlechter Diagnostik und damit verbundener falscher Entscheidungen für Testteilnehmer sowie Unternehmen sein können.

Vor diesem Hintergrund sollen die folgenden Kapitel grundlegendes Wissen
zum Einsatz psychologischer Testverfahren in Unternehmen vermitteln, das den
Leser in die Lage versetzen soll, eigene oder fremde Vorbehalte zu entkräften und
Sicherheit in der Auswahl und Anwendung geeigneter Testverfahren zu gewinnen.

Da dies im gegebenen Umfang natürlich nicht in aller Tiefe erfolgen kann,
sei jedem Testanwender eine vertiefende Lektüre der für dieses *essential* verwendeten Lehrbücher sehr ans Herz gelegt.

Was sind psychologische Testverfahren? 2

Unser Alltag wimmelt mittlerweile nur so von „Tests". Für scheinbar jedes neue Produkt finden sich Tests in einschlägigen Zeitschriften. Auf allen gängigen Videoplattformen finden sich unzählige Testberichte und auch im Fernsehen gibt es zahlreiche Formate, die so ziemlich alles und jeden testen. Die Abgrenzung zu Testverfahren, die psychologische Merkmale wie Persönlichkeit oder Intelligenz messen fällt hier zunächst nicht schwer. Doch auch in diesem Bereich findet sich eine große Bandbreite von Fragebögen zur Selbsteinschätzung und Selbstreflexion in Zeitschriften oder im Internet, die zu einem großen Anteil nicht die Anforderungen an ein ernst zu nehmendes Testverfahren erfüllen. Während viele dieser „Psycho-Tests" (mit Themen, wie z. B. „Welcher Einrichtungstyp bin ich?") offenkundig zur Unterhaltung gedacht sind, geben insbesondere im Internet verfügbare Tests häufig vor, hochwertige psychologische Testverfahren zu sein. Viele davon weisen jedoch bei genauerer sachkundiger Betrachtung eine sehr zweifelhafte Qualität auf und sind eher dazu gedacht, die Besucher der Seite mit Werbung, anstatt mit aussagekräftigen Ergebnissen zu versorgen.

2.1 Kennzeichen ernst zu nehmender Testverfahren

Woran kann man nun ein qualitativ hochwertiges psychologisches Testverfahren erkennen bzw. macht einen guten Test aus? Eine sehr häufig so oder sehr ähnlich verwendete und für den Zweck dieses Buches sehr geeignete Definition psychologischer Tests lautet:

© Springer Fachmedien Wiesbaden GmbH, ein Teil von Springer Nature 2020
T. Steininger, *Der Einsatz psychologischer Testverfahren in Unternehmen*,
essentials, https://doi.org/10.1007/978-3-658-28462-6_2

„Ein Test ist ein wissenschaftliches Routineverfahren zur Erfassung eines oder mehrerer empirisch abgrenzbarer psychologischer Merkmale mit dem Ziel einer möglichst genauen quantitativen Aussage über den Grad der individuellen Merkmalsausprägung" (Moosbrugger und Kelava 2012, S. 2; vgl. hierzu auch Lienert und Raatz 1988, S. 1).

Ein Test ist demnach ein wissenschaftlich fundiertes Instrument, mit dessen Hilfe vergleichbare und belastbare Informationen über das Verhalten und Erleben einer Person gewonnen werden können (Sarges 2000, S. 497) und das somit eine relative Standortbestimmung zu anderen Personen(-gruppen) ermöglicht. Um als wissenschaftlich fundiert gelten zu können muss zunächst das Merkmal, also z. B. die Eigenschaft, die ein Test messen soll, klar definiert, gegenüber anderen (auch sehr ähnlichen) Merkmalen abgegrenzt sowie wissenschaftlich hinreichend erforscht sein. In der Praxis stellt dies bereits ein erstes Prüfkriterium für die Qualität eines Testverfahrens bzw. eines Anbieters dar. So sollten sich zu den in einem Test gemessenen Merkmalen auch hinreichend erforschte theoretische Modelle finden lassen (siehe z. B. das Big Five Modell in Abschn. 2.2). Basieren die gemessenen Konstrukte[1] dagegen auf wenig bekannten Modellen oder wurden die Modelle durch die Testautoren selbst aufgestellt, sind zumindest einmal gesunde Zweifel angebracht, ob es diese Messgegenstände tatsächlich gibt. Gerne wird in diesem Zusammenhang von Anbietern auf die Kompetenz der Testentwickler verwiesen („Das haben unsere Psychologen selbst entwickelt!"). Gut ausgebildete Psychologen stellen sehr wahrscheinlich die kompetenteste Berufsgruppe dar, wenn es um die Entwicklung von Testverfahren geht. Aber genau diese Personengruppe wird die Qualität eines Testverfahren vor allem empirisch belegen wollen. Die Profession oder die Erfahrung der Testentwickler kann für sich allein kein ausreichender Qualitätsbeweis sein. Man sollte sich grundsätzlich bewusst sein, dass man theoretisch für alles ein Test entwickeln kann, auch wenn das gemessen Konstrukt tatsächlich gar nicht existiert – ganz im Sinne von „Sie wissen nicht, was es ist – aber messen können sie es" (Schmid-Atzert und Amelang 2012, S. 39 f.). Es spricht natürlich nichts dagegen, ein wenig erforschtes

---

[1]Ein Konstrukt bezeichnet in der Psychologie in diesem Zusammenhang einen theoretischen, nicht unmittelbar fassbaren Begriff, der sich auf nicht direkt beobachtbare Eigenschaften, wie z. B. Intelligenz bezieht: Intelligenz an sich ist weder greifbar noch direkt sichtbar. Allerdings sind sich Psychologen weitgehend darin einig, dass es ein stabiles Merkmal ist, welches aus mehreren Komponenten besteht und das mit einer Reihe von Leistungen (z. B. Berufserfolg) und anderen Dingen zusammenhängt, die wiederum beobachtbar, bzw. messbar sind (Schmid-Atzert und Amelang 2012, S. 148).

Merkmal durch einen neu entwickelten Test zu präzisieren. Ein solches Verfahren empfiehlt sich dann aber naturgemäß eher für Forschungszwecke und nicht für die Anwendung in Unternehmen.

2.2 Hauptgütekriterien

Zur weiteren Überprüfung der Wissenschaftlichkeit von Testverfahren haben sich verschiedene Kriterien etabliert (Moosbrugger und Kelava 2012, S. 8). Hier sind zunächst die sogenannten Hauptgütekriterien Objektivität, Reliabilität und Validität zu nennen. Seriöse Testanbieter verfügen i. d. R. zu jedem Test über ein Manual, in dem die Entwicklung des Verfahrens sowie dessen theoretischer Hintergrund beschrieben werden und das darüber informiert, in welcher Weise diese Gütekriterien erfüllt sind.

Ernstzunehmende Tests müssen demnach *objektiv* sein. Das heißt, die Ergebnisse des Verfahrens müssen unabhängig von der Person sein, die den Test, die Auswertung und die Interpretation durchführt (Schmid-Atzert und Amelang 2012, S. 133). Man spricht demzufolge von der Durchführungs-, Auswertungs- und Interpretationsobjektivität. Hierfür ist es wichtig, dass genaue Anleitungen für diese drei Verfahrensschritte vorliegen (Hossiep und Mühlhaus 2015, S. 55). Bei Verfahren, die computerbasiert durchgeführt werden, ist dies und somit die Objektivität i. d. R. gegeben, da alle Teilnehmer dieselben Instruktionen erhalten und die Ergebnisberichte automatisiert erstellt werden. Hier erübrigt sich somit eine tiefergehende Prüfung. Bei Verfahren, die ganz oder in Teilen manuell durchgeführt werden, ist jedoch sehr darauf zu achten, dass entsprechende Verfahrensvorgaben vorhanden sind und diese durch die handelnden Personen auch eingehalten werden. Dies setzt nicht nur entsprechende Testmaterialien (z. B. standardisierte Instruktionen, Auswertungsschablonen oder Interpretationshinweise), sondern auch Wissen und Erfahrung bei den Personen, die den Test durchführen voraus.

Die *Reliabilität* ist ein weiteres Hauptgütekriterium. Sie ist ein Maßstab für die Genauigkeit, mit der ein Test ein bestimmtes Merkmal (z. B. Intelligenz) misst. Oder genauer, inwieweit die Messung frei von unsystematischen Messfehlern ist. Und zwar unabhängig davon, ob das was man messen möchte auch tatsächlich gemessen wird. Häufig wird die Reliabilität mit der umgangssprachlichen Messgenauigkeit gleichgesetzt. Dies ist aber nicht präzise genug und kann dazu führen, dass der Unterschied zwischen Reliabilität und Validität verschwimmt. Normalerweise gehen wir bei Messinstrumenten davon aus, dass diese auch messen, was sie zu messen vorgeben. Von einem Thermometer nehmen wir

z. B. berechtigter Weise an, dass es Temperatur und nicht Gewicht misst. Bei psychologischen Testverfahren ist dies allerdings nicht von vornherein sichergestellt, da die gemessenen Merkmale nicht direkt beobachtbare Konstrukte darstellen. Ein als Intelligenztest bezeichnetes Verfahren kann demnach im Sinne der Reliabilität irgendetwas fehlerfrei messen, was aber vielleicht gar nicht Intelligenz ist. Dies ist dann wiederum eine Frage der Validität.

Die Höhe der Reliabilität wird in einem sogenannten Reliabilitätskoeffizienten angegeben, der zwischen 0 und 1 liegt. Je höher der Wert, desto höher ist grundsätzlich auch die Reliabilität. Was nun ein guter Wert ist, ist leider nicht so einfach zu beantworten, da es unterschiedliche Verfahren gibt, um die Reliabilität zu berechnen. Je nach gewähltem Verfahren können sich für ein und denselben Test unterschiedliche Reliabilitätskoeffizienten ergeben, da diese unterschiedliche Messfehleranteile/-arten berücksichtigen. Es gibt somit also strenggenommen nicht nur eine Reliabilität eines Testverfahrens, sondern unterschiedliche methodische Zugänge dazu (Lienert und Raatz 1988, S. 9). Die für die Praxis wohl aussagekräftigste Methode, ist die sogenannte Retest-Reliabilität (in Testmanualen als r_{tt} bezeichnet). Hierbei wird ein Test in einem bestimmten Zeitraum an derselben Personengruppe zweimal durchgeführt. Handelt es sich dabei um ein Merkmal, das sich über die Zeit hinweg nicht oder nur wenig verändert, sollte ein reliabler Test bei ein und derselben Person bei beiden Messung auch zum selben bzw. zu einem sehr ähnlichen Ergebnis kommen. Die Korrelation zwischen den Testergebnissen entspricht dann dem Reliabilitätskoeffizienten. Hierbei sind bei der Interpretation allerdings wiederum mehrere Faktoren zu berücksichtigen, wie z. B. die Stabilität des gemessenen Merkmals, die Art des Testverfahrens oder der zeitliche Abstand zwischen den beiden Messungen. Zur ungefähren Orientierung kann man aber sagen, das Reliabilitätswerte unter .80 als niedrig, zwischen 0.80 und 0.90 als mittel und Werte über 0.90 als hoch eingeschätzt werden können (Fisseni 1990). Weitere Arten der Reliabilität sind die Paralleltestreliabilität oder auch die sogenannte interne Konsistenz (weitere Erläuterungen hierzu finden sich u. a. bei Schmid-Atzert und Amelang (2012) oder Bortz und Döring (2016)).

Die *Validität* eines Tests ist dann gegeben, wenn dieser das, was er messen soll, auch tatsächlich misst und nicht etwas anderes (Moosbrugger und Kelava 2012, S. 13). Ein Intelligenztest ist demnach dann valide, wenn er das Konstrukt Intelligenz auch tatsächlich zutreffend misst. Eine Aussage zur Validität eines Testverfahrens zu treffen, ist allerdings nicht ganz einfach, da verschiedene Aspekte berücksichtigt werden müssen und nicht nur ein Kennwert anfällt, sondern mehrere: Grundsätzlich lassen sich drei Vorgehensweisen unterscheiden: die Konstruktvalidierung, die Inhaltsvalidierung sowie die kriteriumsorientierte Validierung (Blickle 2014b, S. 252). Die Konstruktvalidierung beschreibt, inwieweit von den jeweiligen Testaufgaben tatsächlich auf das Konstrukt geschlossen werden kann, das der Test zu messen vorgibt. Also ganz konkret, ob nun ein Intelligenztest wirklich Intelligenz misst, oder ob die Aufgaben möglicherweise etwas ganz anderes, wie z. B. Gewissenhaftigkeit oder Sorgfalt messen. Um dies zu überprüfen, werden die einzelnen Aufgaben oder Fragen eines Instruments mit denen anderer anerkannter Verfahren verglichen, die dasselbe Konstrukt messen (Hossiep und Mühlhaus 2015, S. 56).

Unter der Inhaltsvalidität versteht man das Ausmaß, in dem ein Test das zu messende Merkmal repräsentativ erfasst. Dies ist insbesondere dann gegeben, wenn die einzelnen Aufgaben unmittelbar einen Teil des Verhaltensbereichs darstellen, der gemessen werden soll (Moosbrugger und Kelava 2012, S. 15). Ein Beispiel hierfür ist der praktische Teil der Führerscheinprüfung, bei dem das echte Fahrverhalten in alltäglichen Fahrsituationen geprüft wird. Die Inhaltsvalidität wird nicht anhand eines Kennwerts bestimmt, sondern anhand von Experteneinschätzungen. Sie gilt als gegeben, wenn die einzelnen Testaufgaben nach Ansicht von Experten eine gute Stichprobe aller möglicher relevanter Aufgaben bilden.

Für die Unternehmenspraxis noch relevanter ist die Kriteriumsvalidität, u. a. weil hierfür auch eine Maßzahl, ein Validitätskoeffizient berechnet werden kann, der sich wiederum zur Qualitätseinschätzung nutzen lässt. Die Kriteriumsvalidität bezieht sich auf die praktische Anwendbarkeit eines Tests für die Vorhersage von Verhalten und Erleben (Moosbrugger und Kelava 2012, S. 18). Sie gibt einen Hinweis darauf, wie groß der Zusammenhang zwischen dem Testergebnis und dem tatsächlichen Verhalten (dem Kriterium) außerhalb der Testsituation ist. Zum Beispiel inwieweit Personen, die gute Ergebnisse in einem Test zur Konfliktfähigkeit erzielt haben Konflikte auch in der Realität meistern können (die sogenannte Übereinstimmungsvalidiät). Oder aber wie gut die Ergebnisse in einem Test für Führungskräfte den zukünftigen Führungserfolg der Testteilnehmer vorhersagen können (Prognostische oder Vorhersagevalidität). Diese Validitätsberechnungen erfolgen bei der Kriteriumsvalidität anhand einer Korrelation zwischen der Test- und der Kriteriumsvariablen, wobei die Werte zwischen 0 und 1 liegen können.

Leicht mit der inhaltlichen Validität zu verwechseln ist die sogenannte Augenscheinvalidität (Moosbrugger und Kelava 2012, S. 15). Von der letzteren spricht man, wenn Testpersonen aufgrund der Fragen oder Aufgaben eines Verfahrens subjektive Annahmen über dessen Messintention treffen können. Die Augenscheinvalidität ist dann besonders hoch, wenn die Aufgaben Ähnlichkeiten mit realen Situationen haben, die in Zusammenhang mit dem gemessenen Merkmal stehen. Dadurch können die Testteilnehmer gut nachvollziehen, wie der Test zu

seinen Ergebnissen kommt, was sich i. d. R. positiv auf die Akzeptanz des Verfahrens auswirkt. Die Augenscheinvalidität ist aber keinesfalls ein Beleg für die
Validität eines Verfahrens, auch wenn manche Testautoren dies so darstellen. So
weisen zum Beispiel realitätsnahe Übungen wie sie in Assessment Centern verwendet werden trotz eher mittelmäßiger Kriteriumsvalidität häufig eine hohe
Augenscheinvalidität und damit verbundene hohe Akzeptanz auf, da sie Ähnlichkeiten zu Fragestellungen des späteren Tätigkeitsbereichs aufweisen (vgl.
Kersting 2003). Reine Augenscheinvalidität ist deshalb kein wissenschaftliches
Gütekriterium (Blickle 2014b, S. 255).

Die Validität ist somit das wichtigste Gütekriterium für den praktischen Einsatz von Testverfahren. Nur wenn diese gegeben ist, kann ein Test belastbare
Vorhersagen über zukünftiges Verhalten, Leistung oder auch Erfolg machen.
Objektivität und hohe Reliabilität sind ohne den Nachweis, dass das Testverfahren
auch tatsächlich das misst, was es messen soll, vollkommen wertlos (Schmid-Atzert und Amelang 2012, S. 142 f.).[2] Die Höhe von Validitätskoeffizienten zu
beurteilen ist jedoch nicht nur für Laien, sondern auch für erfahrene Praktiker
nicht einfach und nur über Vergleichswerte von ähnliche Testverfahren möglich.
Faustregeln wie bei der Reliabilität helfen deshalb hier nicht weiter (Schmid-Atzert und Amelang 2012, S. 162 f.). Um die Qualität eines Verfahrens in der Praxis
einschätzen zu können ist es daher lohnender sich daran zu orientieren, welche
Angaben der Testanbieter zur Validität und insbesondere zur Ermittlung eben-
dieser machen kann (oder natürlich einen Experten zur Einschätzung hinzu-
zuziehen). Wenn der Anbieter Validierungsstudien vorweisen kann, dann ist es
interessant, an wie vielen Personen und an welchen Personengruppen diese durchgeführt wurden. Je größer die Anzahl der Personen und je ähnlicher die Personen
der tatsächlichen Zielgruppe des Tests sind, desto besser. Wenn es beispielsweise um einen Test geht, der eine Vorhersage über zukünftigen Führungserfolg
trifft, dann ist eine Validierungsstudie aussagekräftiger, wenn sie auch tatsächlich
mit Führungskräften und nicht (wie es sehr häufig der Fall ist) an Studierenden
durchgeführt wurde. Vor dem Hintergrund sich ständig und immer schneller ver-
ändernden beruflichen Anforderungen muss nicht weiter erläutert werden, dass
eine Validierungsstudie, die vor 20 Jahren durchgeführt wurde, i. d. R. weniger
aussagekräftig ist als eine aktuelle (Hossiep und Mühlhaus 2015, S. 57).

---

[2]Zu den Wechselbeziehungen zwischen den Gütekriterien siehe z. B. Lienert und Raatz
(1988, S. 13 ff.).

2.3 Nebengütekriterien

Neben den drei beschriebenen Hauptgütekriterien gibt es noch weitere Nebengütekriterien (siehe Tab. 2.1), die je nach Einsatzfeld etwas variieren und zu denen es keine zahlenbezogenen Kennwerte gibt. Tests sollten zusätzlich zur Erfüllung der Hauptgütekriterien in jedem Fall normiert, vergleichbar, ökonomisch, nützlich sowie zumutbar und fair sein (Hossiep und Mühlhaus 2015, S. 58).

Tab. 2.1 Weitere Nebengütekriterien

Kriterium	Beschreibung/Bedeutung
Normierung	Einzelne Ergebnisse von Testverfahren sind zunächst nicht interpretierbar. Dies ist vergleichbar mit Ergebnissen aus dem Sport: Wenn eine Person 100 Meter in einer Zeit von 9,58 Sekunden laufen kann, lässt sich erst einmal nicht sagen, ob dies eine gute oder schlechte Leistung ist. Erst im Vergleich zu anderen Personen lässt sich das Ergebnis interpretieren und im genannten Beispiel eine Weltrekordzeit feststellen. Eine Normierung stellt ein solches Bezugssystem für die Einordnung individueller Testergebnisse zur Verfügung. Anhand entsprechender Vergleichsgrößen lässt sich z. B. einschätzen, wie besonders eine Persönlichkeitsausprägung ist oder wie die Leistung in einem Intelligenztest zu werten ist. Hierbei ist es aber genau wie im Sport wichtig, dass der Testanbieter möglichst passende Normgruppen zur Verfügung stellen kann. Der Vergleich der Ergebnisse eines 10-jährigen und eines 80-jährigen Sprinters hat nur eine sehr beschränkte Aussagekraft. Es geht also darum relevante, passende und somit aussagekräftige Normgruppen zu bilden. Je nach Art des Merkmals können das z. B. Unterschiede im Alter, der Ausbildung oder auch des Geschlechts der Teilnehmer sein. Ein Test für Führungskräfte sollte demnach auch Vergleichswerte für diese Gruppe liefern können. Jede einzelne Vergleichsgruppe sollte dabei mindesten 300 Personen umfassen (Hossiep et al. 2000, S. 51). Da sich diese Werte über die Zeit auch verändern können[a], aktualisieren gute Testanbieter kontinuierlich ihre Normdatenbank (Bothe und Kersting 2015, S. 34). Ein Test, der alle drei Hauptgütekriterien erfüllt, aber nicht normiert ist, ist somit für die praktische Anwendung nicht brauchbar, da die Ergebnisse nicht sinnvoll interpretiert werden können[b].
Vergleichbarkeit	Testverfahren die dieselben oder nah verwandte Merkmale messen, müssen, wenn das Kriterium der Vergleichbarkeit erfüllt ist, auch zu vergleichbaren Ergebnissen kommen.

(Fortsetzung)

Tab. 2.1 (Fortsetzung)

Kriterium	Beschreibung/Bedeutung
Ökonomie	Unter der Ökonomie versteht man die Einschätzung, ob ein Testverfahren zeit- und kostengünstig durchführbar ist. Dies sollte natürlich gerade in Unternehmen immer geprüft werden, insbesondere im Vergleich zu möglichen Alternativen. Bei Testverfahren unterschiedlicher Anbieter, die dasselbe Merkmal messen, gibt es teilweise extreme Preisunterschiede, die nicht immer über eine höhere Qualität gerechtfertigt werden können.
Nützlichkeit	Die Nützlichkeit eines Tests liegt auf der Hand: Nur wenn er Erkenntnisse liefert, die nicht bereits bekannt sind oder die nicht durch ein anderes, einfacheres oder günstigeres Verfahren genauso gewonnen werden können, ist er wirklich nützlich. Dies klingt zunächst banal, ist in der praktischen Anwendung im Unternehmen aber durchaus ein paar Überlegungen wert: Wenn Testanbieter ihre Verfahren anpreisen lässt man sich gelegentlich von der reinen Neuheit, Einfachheit oder anderer Merkmale des Verfahrens begeistern. Genauso wie bei anderen Dingen, sollte man sich aber auch hier die Frage stellen, ob die Informationen, die ein Verfahren liefert, wirklich hilfreich sind und über das was man bereits hat oder weiß hinaus einen echten Mehrwert bieten.
Zumutbarkeit	Zumutbar ist ein Verfahren dann, wenn es die Testteilnehmer nicht über Gebühr belastet und nicht zu tief in deren Privatsphäre eindringt. Hierauf muss besonders bei der Auswahl von Verfahren in Unternehmen geachtet werden. So behandeln z. B. viele Test, die im klinischen Bereich eingesetzt werden Merkmale, die in der Arbeitswelt kein Thema sein dürfen (Ängste, psychische Erkrankungen, etc.). Auch in Bezug auf die einzelnen Fragen und Aufgaben eines Verfahrens bedarf es einer sorgfältigen Prüfung, ob diese für den unternehmensbezogenen Einsatz angemessen und zumutbar sind.
Fairness	Gerade beim Einsatz in Unternehmen ist es entscheidend, dass die Teilnehmer das Verfahren als fair und gerecht erleben. Darüber hinaus darf ein Test keine Teilnehmergruppe systematisch benachteiligen.

[a]Ein sehr bekanntes Beispiel dafür, dass Testnormen über einen längeren Zeitraum hinweg ihre Gültigkeit verlieren können, ist der sogenannte Flynn-Effekt. Flynn (1999) konnte zeigen, dass aufgrund einen längsschnittlichen Anstiegs der Intelligenzwerte in einer Population veraltete Normen zur Überschätzung individueller Intelligenzwerte führen können.
[b]Eine Ausnahme stellt das sogenannte kriteriumsorientierte Testen dar, das aber für die Anwendung im Unternehmen eine eher untergeordnete Bedeutung hat. Hierbei kommt es nicht auf den relativen Vergleich zwischen Personen an, sondern es wird vielmehr ein absolutes Kriterium, also ein Mindestniveau festgelegt, das für eine erfolgreiche Testdurchführung bzw. das Bestehen des Tests erreicht werden muss. Hierbei geht es nicht um allgemeine Fähigkeiten, sondern um konkretes Wissen in einem genau festgelegten Bereich. Ein Beispiel für ein solches Verfahren ist die schriftliche Führerscheinprüfung in Deutschland.

Bedenkt man den Aufwand, der zur Ermittlung und Sicherstellung der Gütekriterien notwendig ist (insbesondere in Hinblick auf Validierungs- und Normierungsstudien mit hinreichend großen und passenden Stichproben) wird deutlich, dass die Entwicklung eines wissenschaftlich fundierten Testverfahrens auch mit einem großen zeitlichen sowie finanziellen Aufwand verbunden ist, der wiederum (bis zu einem gewissen Grad) die Preise von Testverfahren rechtfertigt. Andererseits bedeutet das auch, dass ein kostenfrei angebotenes Testverfahren (wie sie häufig im Internet zu finden sind), nur schwerlich eine zu kommerziellen Verfahren vergleichbare Qualität aufweisen kann.

Möchte man ein Testverfahren im Unternehmen einzusetzen, so wird man zunächst von einer schier unendlichen Anzahl unterschiedlicher Testverfahren konfrontiert, die einerseits alle ein bisschen etwas anderes messen (sollen/wollen), gleichzeitig aber auch immer wieder dieselben Begrifflichkeiten verwenden. Um einen besseren Überblick zu gewinnen ist es daher sinnvoll, die Verfahren in Gruppen einzuordnen und sich Klarheit über die von Testautoren verwendeten Begrifflichkeiten zu verschaffen.

In der psychologischen Diagnostik hat sich bezüglich der Kategorisierung von Testverfahren seit einiger Zeit eine grobe Zweiteilung eingebürgert, nämlich die Unterscheidung von Intelligenz- und Leistungstests auf der einen und Persönlichkeitstests auf der anderen Seite. Diese Einteilung geht zum Großteil auf die historische Entwicklung der psychologischen Diagnostik zurück und ist in der praktischen Anwendung nicht immer ganz unproblematisch. Sie wird daher auch von einigen Wissenschaftlern als unsinnig abgelehnt (Plaum 1996, S. 90). Ein wesentlicher Kritikpunkt ist hierbei, dass sich Persönlichkeits- und Leistungskomponenten häufig nicht eindeutig voneinander trennen lassen. So könnte es z. B. sein, dass sich sehr leistungsmotivierte Personen (Persönlichkeit) in einem Intelligenztest (Leistung) mehr anstrengen als andere, genauso intelligente, aber weniger motivierte Personen und somit zu einem besseren Ergebnis als Letztere kommen. Es fällt somit schwer, die beiden Aspekte unabhängig voneinander zu betrachten, was auch die Interpretation der Ergebnisse erschwert. Dies bereitet allerdings bei der Anwendung in Unternehmen weit weniger Probleme als in anderen Bereichen (v. a. in der klinischen und pädagogischen Psychologie). Darüber hinaus werden bei Leistungs- und Persönlichkeitstests jeweils unterschiedliche Reaktionsweisen gefordert, weshalb sich diese Kategorisierung für den Zweck dieses Buches durchaus eignet: Leistungstests sollen maximales Verhalten, Persönlichkeitstests typisches (durchschnittliches) Verhalten erfassen (Sarges 2000, S. 297).

© Springer Fachmedien Wiesbaden GmbH, ein Teil von Springer Nature 2020   13
T. Steininger, *Der Einsatz psychologischer Testverfahren in Unternehmen*,
essentials, https://doi.org/10.1007/978-3-658-28462-6_3

3.1   Leistungstests

Leistungstests sollen Fähigkeiten und Fertigkeiten messen. Hierzu zählen neben Intelligenztests weitere kognitive Tests, allgemeine Leistungstests wie Aufmerksamkeits- und Belastungstests sowie spezielle Funktionsprüfungen im sensorischen oder motorischen Bereich (Sarges 2000, S. 297). Intelligenztests stellen wohl ganz generell die erfolgreichste Gruppe psychologischer Testverfahren dar, weil sie für viele Lebensbereiche, wie z. B. schulischen oder beruflichen Erfolg gute Vorsagen ermöglichen (Schmid-Atzert und Amelang 2012, S. 202).

Was ist Intelligenz?

Was Intelligenz eigentlich ist wird nach wie vor kontrovers diskutiert. Es finden sich schier unendliche viele Definitionen, die aber bisher nicht zu einem einheitlichen Verständnis von Intelligenz geführt haben. Eine aktuell sehr häufig verwende Definition beschreibt Intelligenz als „…eine sehr allgemeine geistige Fähigkeit, die unter anderem die Fähigkeiten zum schlussfolgernden Denken, zum Planen, zum Problemlösen, zum abstrakten Denken, zum Verstehen komplexer Ideen, zum raschen Auffassen und zum Lernen aus Erfahrung einschließt." (Gottfredson 1997, S. 13). Definitionen wie diese grenzen den Begriff der Intelligenz zwar ein, es bleibt aber dennoch ein großer Interpretationsspielraum.

Eine weiterer, gerade für die Praxis durchaus geeigneter Ansatz ist es, Intelligenz über die Messverfahren selbst zu definieren oder anders formuliert: „Intelligenz ist das, was der jeweilige Intelligenztest misst." (Boring 1923, S. 37). Hierin kann man zwar durchaus einen sinnfreien Zirkelschluss sehen (siehe hierzu u. a. Enzensberger 2007, S. 30), was aber für die konkrete Anwendung von Verfahren in Unternehmen keine Rolle spielen dürfte. Im Gegenteil bietet diese Herangehensweise eine für die Praxis sehr brauchbare Kommunikationsbasis für den Umgang mit dem Intelligenzbegriff (Amelang und Bartussek 1997, S. 189). In diesem Sinn kann Intelligenz als das Potential gesehen werden, die im jeweiligen Test erforderlichen Leistungen zu erbringen. Hierdurch wird dem Testanwender auch bewusst gemacht, dass zwei als Intelligenztest bezeichnete Verfahren höchst unterschiedliche (auch durchaus zweifelhafte) Konstrukte messen können. Der einzige Weg, um hier Klarheit zu bekommen ist es, die einzelnen Testmodule genau anzusehen und dahingehend zu prüfen, ob sie für die eigenen Zwecke bzw. die spezifischen Anforderungen sinnvolle Informationen liefern.

Welche Argumente gibt es für den Einsatz von Intelligenztests in Unternehmen?
Nach den Ergebnissen zahlreicher Studien lässt sich behaupten, dass es kaum vorhersagekräftigere Diagnoseinstrumente für die individuelle Lern- und Bildungsfähigkeit als Intelligenztests gibt (Stern und Neubauer 2016, S. 25). Für die Anwendung im Unternehmenskontext ist natürlich vor allem von Bedeutung, welche Vorhersagen ein Test für berufliche Leistung und Erfolg machen kann. Eine Vielzahl von Meta-Analysen[1] kommt zu dem Ergebnis, dass die allgemeine Intelligenz über Situationen, Organisationen und Berufsgruppen hinweg einen validen Prädiktor für die Leistung am Arbeitsplatz darstellt (Hunter und Hunter 1984; Salgado et al. 2003a, b). Der Zusammenhang von allgemeiner Intelligenz und beruflicher Lernleistung aber auch mit beruflichem Erfolg (berufliche Beförderung und erreichte berufliche Position), zeigte sich auch in Studien, die in Deutschland durchgeführt wurden (Kramer 2009). Dass Intelligenzunterschiede darüber hinaus sehr zeitstabil sind (Deary et al. 2000), d. h. dass sich die Intelligenz von Menschen auch über einen längeren Zeitraum hinweg nicht maßgeblich verändert, ist insbesondere für die Personalauswahl höchst interessant. Grundsätzlich ist die Vorhersagkraft von Intelligenztests umso besser, je komplexer die berufliche Tätigkeit ist. Dies kann dadurch begründet werden, dass Intelligenz im Sinne einer Fähigkeit zur komplexen Informationsverarbeitung ein Erfolgsfaktor ist, dessen Bedeutung mit der Komplexität der zu lösenden Probleme und Aufgabenstellungen zunimmt (Gottfredson 1997).

Die u. a. durch immer schnellere technologische Veränderungen bedingte Notwendigkeit neuer, flexibler Formen der Arbeitsorganisation erfordern von Mitarbeitern wie Führungskräften eine zunehmend schnellere Anpassung von Fähigkeiten und den Umgang mit zunehmend komplexeren Umgebungsbedingungen. Die Erstellung von zukunftsgerichteten Anforderungsprofilen für spezifische Rollen dürfte somit zunehmend schwieriger werden. Vor diesem Hintergrund könnte die Messung allgemeiner kognitiver Fähigkeiten für Unternehmen zunehmend an Bedeutung gewinnen und somit auch für einen vermehrten Einsatz von Intelligenztests sprechen.

---

[1]Meta-Analysen sind Studien, die die Ergebnisse aus einer Vielzahl von anderen Studien auswerten.

Wie sind Intelligenztests aufgebaut?
Intelligenztests setzen sich meist aus mehreren Einzeltests zusammen. Manche Einzeltests repräsentieren eine spezifische Fähigkeit (z. B. sprachliche Intelligenz), andere erfassen nur eine Komponente dieser Fähigkeit (z. B. Lesefähigkeit). Bei vielen onlinebasierten Testverfahren kann sich der Anwender solche Subtests in einer sogenannten Testbatterie individuell zusammenstellen. Es können dann die Einzelergebnisse und/oder ein Gesamtwert berechnet werden. Wichtig ist, dass auch bei einen solchen Gesamtwert ein klarer beruflicher Anforderungsbezug gegeben sein muss, bzw. der Anforderungsbezug der in den Gesamtwert eingehenden Einzeldimensionen bei der Interpretation berücksichtigt wird (Püttner und Kersting 2017, S. 22). Grundsätzlich deuten zwar zahlreiche Studien darauf hin, dass die allgemeine Intelligenz (der sogenannte g-Faktor für „general intelligence") unabhängig von Branche, Organisation, Berufsgruppe oder spezifischem Arbeitsplatz zur Vorhersage von beruflicher Leistung und Ausbildungserfolg am besten geeignet ist (Schmidt 2002, S. 201). Der Einsatz von Testverfahren, die einen generellen Intelligenzquotienten oder ein allgemeines Intelligenzniveau ermitteln, wird aber in Deutschland aus rechtlicher Sicht für die Personalauswahl oder -entwicklung als unzulässig angesehen, da dieser über die beruflichen Anforderungen hinausgeht (Müller-Glöge et al. 2016, S. 1425; Fitting et al. 2014, S. 1532 f.). Da die Messung ausgewählter, spezifischer kognitiver Fähigkeiten vielleicht nicht dieselbe, aber dennoch einer sehr gute Vorhersage beruflicher Leistungen ermöglicht, ist dies für eine gute Auswahlentscheidung jedoch unproblematisch (vgl. Salgado et al. 2003a; Bertua et al. 2005).

Bei den meisten Intelligenztests ist die Bearbeitungszeit für die einzelnen Aufgaben begrenzt. Man spricht daher von Speedtests. In sogenannten Power Tests nimmt dagegen die Schwierigkeit von Aufgabe zu Aufgabe zu, wodurch die maximale Leistung einer Testperson mit einer sehr großzügigen oder ganz ohne Zeitbegrenzung ermittelt werden kann.

Der bei Speedtest auftretende Zeitdruck wird häufig kritisch gesehen, da die Befürchtung besteht, dass die Testteilnehmer entmutigt oder demotiviert werden. Für die Messung bestimmter Konstrukte ist dieser aber unbedingt notwendig. Um auch sehr hohe Leistungen messen zu können, werden Tests häufig so konstruiert, dass niemand oder nur außergewöhnlich intelligente Personen alle Aufgaben in der vorgegebenen Zeit lösen können. Man kann also immer noch sehr gut sein, ohne alle Aufgaben eines Tests gelöst zu haben. Beispiele für Intelligenztests und typische Aufgaben finden sich u. a. bei Schmid-Atzert und Amelang (2012) sowie Schweizer (2006).

3.2   Persönlichkeitstests

In Abgrenzung zu Leistungstests versteht man unter dem Begriff Persönlichkeitstest Verfahren, die keine leistungsbezogenen Merkmale, sondern typisches,
durchschnittliches Verhalten messen. Hierzu zählt man sogenannte Persönlich-
keits-Struktur-Tests, aber auch Verfahren, die Einstellungen, Interessen oder
Motivation messen (Sarges 2000).

Dass Persönlichkeit ein wichtiges, wenn nicht sogar ein entscheidendes
Erfolgskriterium in Unternehmen ist, dazu herrscht eine erstaunliche Einigkeit
unter Führungskräften, Personalverantwortlichen, aber auch unter Mitarbeitern.
Was allerdings Persönlichkeit ist, dazu gibt es (wie bei der Intelligenz auch)
unterschiedliche Ansätze und Sichtweisen. Beim Einsatz von Persönlichkeitstests im Unternehmen ist es in zweifacher Hinsicht sinnvoll, sich ein Bild über die
unterschiedlichen Persönlichkeitstheorien zu machen: Zum einen ist es wichtig,
ein einheitliches Verständnis unter allen Beteiligten im Unternehmen zu etablie-
ren. Ansonsten kann es vorkommen, dass verschiedene Personen(-gruppen) zwar
dieselben Begrifflichkeiten verwenden, diese aber unterschiedlich definieren, was
zu starken Irritationen und folgenreichen Interpretationsfehlern führen kann. Zum
anderen ist es eine notwendige Voraussetzung um Verfahren sinnvoll auswählen
und einsetzen zu können, da Persönlichkeitstests nur vor dem Hintergrund der
jeweils zugrundegelegten Theorie (die mehr oder minder wissenschaftlich belegt
sein kann) hinsichtlich ihrer Qualität eingeschätzt werden können. Dasselbe gilt
für die sinnvolle Interpretation der Ergebnisse.

Persönlichkeitsmodelle lassen sich unter anderem dahingehend unterscheiden,
ob es sich um Typen- oder Eigenschaftsmodelle (auch Dimensionsmodelle
genannt) handelt[2]. Dies ist für die Praxis hilfreich, weil sich auch die am Markt
befindlichen Testverfahren entsprechend einordnen lassen. Testbeispiele für beide
Verfahrensgruppen finden sich u. a. bei Simon (2006).

Typenmodelle ordnen eine Person einem bestimmten Persönlichkeitstyp zu,
der durch bestimmte Kombinationen von Merkmalsausprägungen beschrieben
werden kann. Das bedeutet, dass jede Person eindeutig einem aus einer begrenzen
Anzahl von Typen zugeordnet wird, auch wenn die individuelle Passung unterschiedlich gut ausgeprägt sein kann. Auch wenn die meisten dieser Testverfahren
noch weitere Unterkategorien aufweisen und sich somit die Anzahl der möglichen

---

[2]Einen detaillierten Überblick über verschiedene Persönlichkeitsmodelle geben zum Beispiel Neyer und Asendorf (2018) oder Stemmler et al. (2016).

Typen erhöht, verschwimmen dennoch zwangsläufig die individuellen Unterschiede von Personen innerhalb eines Typs, bzw. können nicht mehr umfassend berücksichtigt werden (Kanning 2014). Somit werden schnell Vor- und Nachteile derartiger Testverfahren deutlich: Zum einen wird durch die Einordnung in Typen die Komplexität in Hinblick auf Persönlichkeit deutlich reduziert. Personen lassen sich schnell kategorisieren und oftmals liefern die Testanbieter auch (mehr oder weniger belastbare) Empfehlungen, wie mit den jeweiligen Typen umgegangen werden sollte. Dies ist sicherlich einer der Gründe warum derartige Testverfahren in Unternehmen und bei Führungskräften durchaus beliebt sind (Hossiep et al. 2015, S. 127 f.). Andererseits kann diese Komplexitätsreduktion aber auch zu einem Schubladendenken führen, bei dem individuelle Unterschiede nicht mehr ausreichend berücksichtigt werden. Im schlimmsten Fall werden Personen mit einem dauerhaften Label versehen, welches nicht mehr hinterfragt wird und zu einer selbsterfüllenden Prophezeiung werden kann, wenn jegliches Verhalten nur noch vor dem Hintergrund des jeweiligen Typs interpretiert wird (Hossiep und Mühlhaus 2015, S. 44 ff.). Ein Typenmodell ermöglicht darüber hinaus nur einen sehr eingeschränkten und wenig präzisen Vergleich zweier ähnlicher Typen, weshalb der Einsatz (wenn überhaupt) vorzugsweise im Bereich der Personalentwicklung und weniger in der Personalauswahl zu sehen ist.

Verfahren, die nach einem Dimensionsmodell entwickelt wurden, messen Persönlichkeitsmerkmale unabhängig voneinander, so dass Personen nicht einem Typ zugeordnet werden, sondern ein differenziertes Persönlichkeitsprofil anhand der einzelnen gemessenen Dimensionen erstellt wird. Auch wenn in der Alltagssprache der Eindruck entsteht, dass es unendlich viele Persönlichkeitseigenschaften gibt und man auch beliebig neue generieren kann, so lassen sich aus wissenschaftlicher Perspektive doch eine überschaubare Anzahl voneinander abgrenzbarer Persönlichkeitsmerkmale unterscheiden, die zur Beschreibung von Personen ausreichen kann. Die wohl einflussreichste und am meisten genutzte Klassifikation ist das Modell der „Big Five" welches von fünf grundlegenden Dimensionen der Persönlichkeit ausgeht (McCrae und Costa 2008)[3]. Diese fünf Faktoren können jeweils noch in weitere Facetten zerlegt werden, so dass eine noch detailliertere Beschreibung der Persönlichkeit möglich ist (siehe Tab. 3.1). Hierbei wird angenommen, dass Eigenschaften zumindest mittelfristig stabil sind (wobei langfristige Änderungen nicht ausgeschlossen werden) und das Verhalten

---

[3]Ein neueres, sehr intensiv diskutiertes Model ist das sogenannte HEXACO Modell, dass sich u. a. in der Anzahl der Persönlichkeitsfaktoren vom Big Five Ansatz unterscheidet (Ashton und Lee 2007).

Tab. 3.1 Nach Asendorpf (2019)

Dimension	Untergeordnete Eigenschaft
Neurotizismus/Emotionale Stabilität	Nervosität, Ängstlichkeit, Erregbarkeit
Extraversion	Geselligkeit, Nicht-Schüchternheit, Aktivität
Verträglichkeit, Liebenswürdigkeit	Wärme, Hilfsbereitschaft, Toleranz
Gewissenhaftigkeit	Ordentlichkeit, Beharrlichkeit, Zuverlässigkeit
Kultur, Offenheit für Erfahrung, Intellekt	Gebildetheit, Kreativität, Gefühl für Kunst

von Personen situationsübergreifend in eine vergleichbare Richtung beeinflussen (man spricht daher auch von Verhaltensdispositionen). Die aus solchen Verfahren resultierenden Profile ermöglichen eine differenzierte Bewertung der einzelnen Dimensionen und erlauben daher u. a. den Abgleich mit einem spezifischen Anforderungsprofil, weshalb ein Einsatz auch für Personalauswahl, Platzierungsentscheidungen und (Karriere-)Beratung möglich ist (Hossiep und Mühlhaus 2015, S. 2). Das bedeutet allerdings auch, dass die Interpretation der Ergebnisse sowie das Ableiten von Maßnahmen umfangreiches Wissen und Erfahrung im Umgang mit Testverfahren erfordern, das bei den Testanwendern in jedem Fall vorhanden sein sollte.

Welche Argumente gibt es für den Einsatz von Persönlichkeitstests in Unternehmen?
Ein Zusammenhang von bestimmten Persönlichkeitsmerkmalen mit beruflichem Erfolg sowie beruflicher Zufriedenheit konnte in zahlreichen Studien nachgewiesen werden (Hülsheger und Maier 2008). Insbesondere die Dimensionen Gewissenhaftigkeit und emotionale Stabilität liefern gute Vorhersagen für berufsrelevante Kriterien (Barrick et al. 2001; Salgado 1997). Für Führungsrollen ist neben der Gewissenhaftigkeit auch die Extraversion für den Führungserfolg bedeutsam. Mit der Eigenschaft „Neurotizismus" zeigt sich ein negativer Zusammenhang, d. h. Ängstlichkeit ist eher hinderlich für den Führungserfolg (Judge et al. 2002). Darüber hinaus gibt es deutliche Hinweise darauf, dass sich die Effekte bestimmter Persönlichkeitsmerkmale langfristig substanziell auf den beruflichen Erfolg auswirken (Barrick und Mount 2005). Trotz dieser vielfach replizierten Befunde fällt die Vorhersagekraft von Persönlichkeitstests auf den Berufserfolg insgesamt aber deutlich kleiner aus, als bei anderen Verfahren, wie z. B. Intelligenztests. Dennoch können sie die Vorhersagekraft anderer Verfahren

in der Kombination der Ergebnisse verbessern und wertvolle zusätzliche Informationen liefern (Schmidt und Hunter 1998).

Aus rechtlicher Sicht ist in Deutschland auch für die Anwendung von Persönlichkeitstests ein expliziter Anforderungsbezug für eine Zulässigkeit notwendig (Fitting et al. 2014, S. 1532 f.). Abgesehen davon sollte es bei allen im Unternehmen eingesetzten Verfahren niemals darum gehen, „sich mal ein Bild von einer Person zu machen". Der Einsatz sollte sich immer auf eine konkrete Fragestellung (sei es hinsichtlich Auswahl oder Entwicklung) sowie ein Anforderungsprofil (siehe Abschn. 5.1) beziehen (Kersting 2013, S. 29). Somit sind für den Einsatz im Unternehmen auch nur speziell für diesen Zweck entwickelte Persönlichkeitstests zu empfehlen und keinesfalls solche, die für psychopathologische Fragestellungen entwickelt wurden und auch in intime Bereiche der Persönlichkeit vordringen. Diese sogenannten berufsbezogenen Persönlichkeitstests messen nur Merkmale, die eine Relevanz für die berufliche Anwendung haben, verwenden berufsbezogene Fragenformulierungen und bieten relevante Vergleichsgruppen.

Wie sind Persönlichkeitstests aufgebaut?
Die wichtigsten Informationsquellen, um Aussagen zur Persönlichkeit treffen zu können sind Verhaltensbeobachtungen und -beurteilungen sowie Selbstauskünfte (Schmid-Atzert und Amelang 2012, S. 239 f.). Ein Beispiel für ein Verfahren, mit dem im Unternehmenskontext Verhalten systematisch beobachtet und beurteilt wird ist das Assessment Center (siehe hierzu z. B. Obermann 2018). Strukturierte Selbstauskünfte werden dagegen durch Interviews und Fragebögen eingeholt, wobei letztere hinsichtlich Durchführung und Auswertung deutlich ökonomischer sind. Persönlichkeitstest sind also in der Regel standardisierte Fragebögen[4], bei denen den Testteilnehmern vorformulierte Fragen („Items") zum deren Verhalten

---

[4]Darüber hinaus gibt es noch sogenannte „objektive Persönlichkeitstests" sowie „projektive Verfahren". Beide Verfahrenstypen verzichten auf Selbstauskünfte im Sinne eines Fragenkatalogs. Die Schlussfolgerungen werden auf Basis des Verhaltens in einer standardisierten Testsituation geschlossen, bei der die eigentliche Testintension für die Teilnehmer nicht erschließbar sein soll. Objektive Persönlichkeitstests sind bisher allerdings nur für wenige Persönlichkeitsmerkmale entwickelt (ein Überblick findet sich u. a. bei Ortner et al. 2006). Projektive Verfahren gehören sicherlich zu den umstrittensten (aber auch durchaus interessanten) Testverfahren überhaupt und sollten aufgrund ihrer eher geringen Validität nicht im Rahmen einer Personaldiagnostik eingesetzt werden (eine Beschreibung dieses Verfahrenstyps findet sich z. B. bei Plaum (1996, S. 94 ff.)).

und Erleben gestellt werden. Diese Verfahren können mehrere Persönlichkeitsmerkmale („Persönlichkeitstestsysteme") oder auch nur ein einzelnes messen,
wobei letztere eher selten im Unternehmenskontext eingesetzt werden. Jedes
Persönlichkeitsmerkmal wird durch mehrere Items erfasst, die häufig in Form
von Selbstaussagen formuliert sind (z. B. „Ich arbeite lieber allein als in Gruppen."). Diese scheinbar mehrfach identisch gestellten Fragen werden bei der Test-
auswahl häufig als Schwäche betrachtet. Tatsächlich zielen die verschiedenen
Fragen aber auf unterschiedliche Aspekte/Facetten des jeweiligen Merkmals
ab und ermöglichen dadurch aussagekräftigere Ergebnisse. Die Beantwortung
erfolgt normalerweise durch festgelegte dichotome (ja-nein; trifft zu-trifft nicht
zu) oder auch mehrstufige (0 = „trifft überhaupt nicht zu" bis 5 = „trifft voll und
ganz zu") Antwortformate. Freie Antwortformate spielen bei diesem Verfahrens-
typ kaum eine Rolle, da diese nicht automatisiert ausgewertet werden können. Im
Gegensatz zu Speed-Tests gibt es bei Persönlichkeitsfragebögen keine oder nur
sehr großzügige Zeitbegrenzungen. Hinsichtlich der Auswertung werden nicht
die einzelnen Antworten inhaltlich interpretiert, sondern aufgrund des Grads der
Zustimmung zu den Fragen, die zu einem Merkmal gestellt werden, die jeweilige
Merkmalsausprägung standardisiert berechnet. Das bedeutet auch, das Persönlichkeitstests mit einem geschlossenen Itempool entwickelt und validiert werden. Es ist daher nicht ohne weiteres möglich, einzelne Fragen auszutauschen
oder umzuformulieren, da man sonst das Verfahren wieder neu validieren müsste.
Beispiele für Persönlichkeitstest finden sich u. a. bei (Simon 2006).

Wie werden Testverfahren durchgeführt?

4

4.1 Manuelle vs. computergestützte Durchführung

Vor der Einführung computergestützter Tests wurden psychologische Testverfahren mit Hilfe von Papierfragebögen bzw. in direkter Interaktion zwischen Testleiter und Testteilnehmern durchgeführt. Dies ist in verschiedenen diagnostischen Einsatzfeldern (wie z. B. im klinischen oder pädagogischen Bereich) nach wie vor der Fall, da u. a. die direkte Interaktion mit dem Testteilnehmer bei bestimmten Fragestellungen durchaus sinnvoll sein kann. Für den Einsatz im Unternehmen hat dieses Vorgehen aber eine Reihe von Nachteilen: Die Testteilnehmer müssen zu einem Termin vor Ort eingeladen werden, was z. B. bei der Vorauswahl von Bewerbern oder der Anwendung in Unternehmen mit ausländischen Standorten einen hohen Organisationsaufwand mit sich bringt und somit Zeit und Geld kostet. Darüber hinaus kann bei computergestützten Verfahren davon ausgegangen werden, dass die Auswertung-, Durchführungs- und häufig auch die Interpretationsobjektivität weitestgehend gegeben sind (siehe Abschn. 2.2). Dies ist bei einer manuellen Durchführung sehr stark von Wissen und der Erfahrung des Testanwenders abhängig. Eine manuelle Auswertung von Testverfahren dauert zudem länger, ist deutlich fehleranfälliger als die automatisierten Auswertungen computergestützter Tests und bedarf zudem einer eingehenden Schulung der Testanwender (Schmid-Atzert und Amelang 2012, S. 373). Manche Testverlage bieten zwar für einige dieser „Paper-Pencil" Testverfahren auch die Auswertung als Service an. Hierbei werden die Antwortbögen per Fax an den Testverlag geschickt, dort eingescannt, ausgewertet und die Ergebnisse (meist per Email) zurückgesendet. Aber auch diese Vorgehensweise erfordert viele manuelle und potenziell fehleranfällige Schritte (z. B. beim Ausfüllen der Antwortbögen). In der Summe lässt sich somit sagen, dass

© Springer Fachmedien Wiesbaden GmbH, ein Teil von Springer Nature 2020
T. Steininger, *Der Einsatz psychologischer Testverfahren in Unternehmen*,
essentials, https://doi.org/10.1007/978-3-658-28462-6_4

im Unternehmenskontext für die meisten Anwendungsbereiche eine computer-gestützte Testdurchführung die beste Alternative darstellt.

Heute werden computergestützte Testverfahren in den meisten Fällen online bzw. browserbasiert durchgeführt. Das bedeutet, die Testteilnehmer erhalten einen Link zum Testverfahren und bekommen dann üblicherweise durch Ein-gabe eines Zugangscodes (der häufig auch schon im Link integriert ist) Zugang zum Testverfahren. Die Vorteile dieses Verfahrens liegen auf der Hand: Bei der Personalauswahl können dadurch externe Bewerber schnell zu Testverfahren eingeladen und die Ergebnisse direkt für eine Vorauswahl genutzt werden. Gerade bei einer großen Anzahl von Bewerbern stellt dies nicht nur eine große Zeitersparnis dar, sondern ermöglicht es vor allem auch alle Bewerber hin-sichtlich derselben Kriterien miteinander zu vergleichen. Dies ist bei einer Vor-auswahl anhand von Bewerbungsunterlagen nicht im selben Umfang möglich. Ein genereller weiterer Vorteil bei der Anwendung von Onlinetestverfahren im Unternehmen ist, dass die Teilnehmer zu jeder Zeit und von jedem Ort an dem Verfahren teilnehmen können, was gerade bei internationalen Unternehmen einen großen Mehrwert darstellt. Das bedeutet auch, dass die Teilnehmer für sich einen geeigneten Zeitpunkt sowie gute Umgebungsbedingungen (z. B. Ruhe, störungs-freie Umgebung) für die Testdurchführung wählen können.

4.2   Verfälschbarkeit

Ein grundsätzliches Problem beim Einsatz von Testverfahren ist die Möglichkeit, dass die Ergebnisse durch die Teilnehmer verfälscht werden. Menschen zeigen generell eine Tendenz dazu, Testergebnisse bewusst oder unbewusst zu beein-flussen, um vor sich selbst (Selbsttäuschung) oder vor anderen gut dazustehen („impression management"). Man spricht hier von der sogenannten sozialen Erwünschtheit oder sozial erwünschtem Verhalten (Paulhus 1984). Darüber hin-aus besteht natürlich auch die Möglichkeit, dass Teilnehmer die Testergebnisse ganz bewusst in eine bestimmte Richtung verfälschen wollten, um besonders gute bzw. für sie passende Ergebnisse zu erzielen (MacCann et al. 2011).

Hinsichtlich der Verfälschungsmöglichkeiten gibt es Unterschiede zwi-schen Leistungs- und Persönlichkeitstests: Die Ergebnisse in einem gut konst-ruierten Leistungstest, der ohne Unterstützung durch andere Personen und ohne unzulässige Hilfsmittel durchgeführt wird, lassen sich auch durch gezielte Vor-bereitung/Training nur sehr bedingt verbessern (Hausknecht et al. 2007). Man kann sich also i.d.R. nur schlechter darstellen als man ist, aber nicht deutlich bes-ser. Dieses „faking bad" stellt vor allem in klinischen Einsatzbereichen durchaus ein Problem dar, zum Beispiel wenn es um die Selbsteinschätzung von Krankheitssymptomen geht (Franke 2002). Beim Einsatz im Unternehmenskontext kann dies aber getrost vernachlässigt werden: Sollten sich tatsächlich Teilnehmer bei Auswahl- oder Fördersituationen schlechter darstellen als sie sind, kann dies durchaus als Selbstselektion interpretiert werden und schränkt somit die Richtigkeit der folglich negativen Auswahlentscheidung nicht ein.

Anders sieht es jedoch bei Persönlichkeitstestverfahren aus. Hier kann sich der Versuch eines Teilnehmers in einem besseren Licht zu erscheinen deutlich auf die Aussagekraft der Ergebnisse auswirken (Ziegler und Buehner 2009). Dadurch, dass die meisten Persönlichkeitstests auf Selbsteinschätzungen beruhen und häufig eine hohe Augenscheinvalidität aufweisen, können Teilnehmer potenziell das Messprinzip durchschauen und erkennen in welche Richtung sie antworten müssen, um im gewünschten Licht zu erscheinen (Moosbrugger und Kelava 2012, S. 23). Dieser Versuch kann natürlich auch durchaus zum Nachteil des Teilnehmers ausfallen: Um einen Persönlichkeitstest zu verfälschen, muss zunächst antizipiert werden, was der Test misst und welche Ausprägung des Merkmals am besten dem gesuchten Anforderungsprofil entspricht. Dann muss erkannt werden, auf welche Merkmalsausprägungen die einzelnen Fragen bezogen sind und diese müssen schließlich in der richtigen Richtung beantwortet werden. Dies stellt durchaus eine Herausforderung dar und kann sich bei Nichtgelingen auch nachteilig auswirken.

Um die Gefahr des Verfälschens zu reduzieren, setzen Testanbieter verschiedene Methoden ein: Zum einen können die Teilnehmer in der Testinstruktion darauf hingewiesen werden, dass es keine richtigen oder falschen Antworten gibt und sie möglichst spontan und ehrlich antworten sollen. Hinweise dieser Art können sicherlich sozial erwünschtes Antwortverhalten in Einsatzbereichen reduzieren, bei denen die Teilnehmer ein eigenes Interesse an einem möglichst zutreffenden Ergebnis haben. Hat ein Teilnehmer jedoch den Vorsatz, das Testergebnis zu manipulieren, wird dieses Vorgehen wenig erfolgversprechend sein. Als weitere Möglichkeit kommen zunehmend sogenannte ipsative Verfahren mit einem Forced-Choice Antwortformat zum Einsatz. Hierbei müssen sich Teilnehmer jeweils zwischen mehreren vorgegeben Antworten entscheiden, die ähnlich sozial erwünscht, also ähnlich positiv oder negativ besetzt sind. Diese Vorgehensweise hat sich in Studien als durchaus vielversprechend erwiesen (Martin et al. 2002). Eine absolute Fälschungssicherheit, wie sie von manchen Testanbietern ipsativer Verfahren propagiert wird, ist dadurch aber auch nicht sichergestellt. Zudem können solche Antwortformate auch Unmut und Reaktanz bei den Testteilnehmer auslösen, da man möglicherweise gezwungen wird, sich zwischen zwei Alternativen zu entscheiden, die beide nicht vollständig zutreffen.

Der am häufigsten verwendete Ansatz ist der Einsatz von sogenannten Lügen-
oder Faking-Skalen. Das bedeutet, dass neben den eigentlich im Test gemessenen
Merkmalen durch zusätzliche Fragen die Tendenz zu sozial erwünschtem
Antwortverhalten ermittelt wird. Dabei werden Fragen eingesetzt, die wahrscheinlich von keinem Menschen ehrlicherweise vollkommen bejaht oder ver-
neint werden können. Sehr bekannt ist die von Crowne und Marlowe (1969)
entwickelte Marlowe-Crowne-Skala bei der 23 Fragen mit „ja" oder „nein"
beantwortet werden müssen (Fragenbeispiel aus einer deutschen Version von
Lück und Timaeus (1969): „Ich bin immer höflich, auch zu unangenehmen Leu-
ten."). Erzielen Testteilnehmer in solchen Lügenskalen sehr hohe Werte, weist
das auf eine starke Tendenz zu sozial erwünschtem Verhalten oder bewusster Verfälschung hin. In manchen Verfahren werden Grenzwerte vorgegeben, ab denen
man die übrigen Testergebnisse mit Vorsicht oder gar nicht mehr interpretieren
sollte. Solche Skalen können jedoch immer nur Hinweise, aber keinen Beweis für
oder gegen eine absichtliche Verfälschung liefern. Auch weil auffällige Ergebnisse durchaus mit anderen Eigenschaften, wie z. B. hohen moralischen Stan-
dards in Verbindung stehen könnten, sollten diese sehr sorgsam interpretiert
werden (Schmid-Atzert und Amelang 2012, S. 247).

Bei Onlinetestverfahren kommen wenn die Administration sowie die Durchführung ohne Aufsicht erfolgt, weitere Faktoren dazu, die die Aussagekraft der
Ergebnisse mindern können. Hierzu zählen u. a. Anwenderfehler sowie Soft- oder
Hardwareprobleme, die die Testergebnisse beeinflussen können. Der Hauptkritik-
punkt ist aber, dass nicht überprüft werden kann, wer den Test tatsächlich durchführt und auch nicht, ob die Person bei der Testdurchführung Unterstützung durch
andere Personen oder durch unzulässige Hilfsmittel in Anspruch genommen
hat. Einige Anbieter bieten die Möglichkeit, die Ergebnisse eines ausführlichen
Onlinetests durch einen zweiten kurzen Test, der dann vor Ort unter Aufsicht
durchgeführt wird zu überprüfen. Allein der Hinweis auf eine spätere Wieder-
holung des Tests bzw. auf die Durchführung eines ähnlichen Tests oder die
Behauptung, der Test verfüge über einen Mechanismus, um positive Selbst-
darstellung aufzudecken hat sich in Studien als durchaus wirksam gegen Ver-
fälschungen erwiesen (Dwight und Donovan 2003; Kuroyama et al. 2010). Um
dagegen zu verhindern, dass sich die Testfragen zu schnell im Internet verbreiten
und neue Testteilnehmer sich mit Musterlösungen vorbereiten können, wird
von einigen Anbietern ein Pool von Testaufgaben eingesetzt, aus dem bei jeder
Durchführung unterschiedliche, gleichschwierige oder in die gleiche Richtung
gehende Aufgaben verwendet werden, so dass kein Teilnehmer dieselben Fragen
in der selben Reihenfolge zur Bearbeitung bekommt. Streng genommen stellt sich

dann aber auch hinsichtlich Validierung und Normierung die Frage, ob es sich noch um ein und denselben oder um mehrere unterschiedliche Tests handelt.

Letztlich kann man natürlich die Onlineverfahren auch vor Ort im Unternehmen durchführen lassen, z. B. auch in Kombination mit dem bei Auswahlverfahren immer auch notwendigen persönlichen Interview. Dies entkräftet dann zumindest die Unsicherheit von wem und mit welchen Hilfsmitteln der Test durchgeführt wird, bringt aber auch wieder einen erhöhten Zeit- und Organisationsaufwand mit sich. Damit bietet sich dieses Vorgehen weniger für eine erste Vorauswahl, sondern eher für die genauere Einschätzung von Kandidaten an, die bereits über andere Wege vorselektiert wurden.

Wie sollte man nun mit dem Thema der möglichen Verfälschbarkeit von Testverfahren, insbesondere von Onlinetestverfahren umgehen? Zum einen sollte man sich stets bewusst sein, dass insbesondere bei Persönlichkeitstests eine Verfälschung nie ausgeschlossen werden kann und dass je nach Einsatzbereich bei den Teilnehmern durchaus eine dahingehende Motivation vorliegen kann. Das ein Verfälschen möglich ist, bedeutet andererseits nicht automatisch, dass die Teilnehmer dies auch wirklich tun. Es gibt durchaus Studien, die zum Ergebnis kommen, dass gerade Online Assessments weit weniger verfälscht werden, als man annehmen würde (Kantrowitz und Dainis 2014; Glaze et al. 2010).

4.3 Sprachversionen

Um einen möglichst breiten Einsatz zu ermöglichen, bieten viele Testanbieter ihre Verfahren in mehreren Sprachversionen an. Gerade in internationalen Unternehmen oder bei internationalen Entwicklungsprogrammen wird allerdings häufig das Argument angeführt, dass alle Teilnehmer in der Lange sind/sein sollten, den Test in der gemeinsamen Unternehmenssprache (i. d. R. Englisch) durchzuführen. Hierbei gilt es jedoch zu bedenken, dass es insbesondere bei Persönlichkeitstestverfahren häufig auf Nuancen in der Fragestellung ankommt und oftmals auch Begriffe verwendet werden, die im beruflichen Alltag selten bis gar nicht vorkommen. Darüber hinaus ist anzunehmen, dass Teilnehmer bei der Testdurchführung in einer Fremdsprache durchschnittlich länger brauchen, um Instruktionen und Aufgaben zu verstehen. Beide Aspekte können sich auf die Bearbeitungszeit sowie auf die Ergebnisse selbst auswirken. Es sollte daher immer vorab ermittelt werden, wie gut die Kenntnisse der Testteilnehmer in der Durchführungssprache sind und wo immer es möglich ist, deren Muttersprache verwendet werden.

Für den Testanbieter bedeuten mehrere Sprachversionen wiederum natürlich auch einen Verkaufsvorteil. Daher sollte Folgendes beachtet werden: Wegen der oben genannten sehr präzisen Formulierung der Fragen genügt es nicht, diese lediglich von einer Sprache in eine andere zu übersetzen. Dadurch kann die Bedeutungsgleichheit einzelnen Fragen nicht sichergestellt werden. Eine Rückübersetzung ist hier eine Mindestanforderung. Das bedeutet, dass die Fragen von einem professionellen Übersetzer in die Fremdsprache übersetzt und von mindestens einem anderen wieder in die Ursprungssprache zurückübersetzt werden. Die Testentwickler können dann prüfen, ob die Fragen ihre angedachte Bedeutung und Sinnhaftigkeit behalten haben. Das allein reicht jedoch nicht aus, um sicherzustellen, dass die beiden Testverfahren dasselbe messen bzw. zu denselben Ergebnissen kommen. Es gibt aus der kulturvergleichenden Forschung ausreichend Belege, dass Menschen aus unterschiedlichen Kulturen Fragebögen in einer für ihren Kulturkreis charakteristischen Art beantworten (Brodbeck 2016, S. 212). Während zum Beispiel asiatische Kulturen auf Ratingskalen extremere Werte eher vermeiden, neigen andererseits mediterrane Kulturen eben hierzu (Hui und Triandis 1989). Das bedeutet, dass unterschiedliche Sprachversionen eines Tests in Hinblick auf die Gütekriterien jeweils neu geprüft werden müssen. Falls für die Ergebnisse Vergleichsdaten (Normierungen) vorliegen, müssen diese ebenfalls für jede Sprachversion an einer ausreichend großen Stichprobe erneut erhoben werden, da die Verteilung und Bewertung von Persönlichkeitsmerkmalen nicht über alle Länder und Kulturen hinweg vergleichbar sind. Die Testergebnisse einer Person eines Kulturkreises aus der Basis von Vergleichswerten aus einem anderen Kulturkreis zu interpretieren, ist daher überaus fehleranfällig. Es lohnt sich also durchaus, sich bei einem Testanbieter danach zu erkundigen, wie die unterschiedlichen Sprachversionen entwickelt wurden und wie es um länderspezifische Normierungen bestellt ist. Die Aussage eines Testanbieters, dass ein Verfahren noch nicht in anderen Sprachen vorliegt, weil noch Studien hinsichtlich der Gütekriterien ausstehen oder weil es sich nicht lohnt, den Test in einer selten nachgefragten Sprachversion aufzusetzen, kann vor diesem Hintergrund durchaus als ein Indiz dienen, dass der Anbieter hohe Qualitätsmaßstäbe an die Entwicklung der Testverfahren stellt.

Die im letzten Absatz beschriebenen Probleme bestehen im Übrigen auch bei allen anderen Fragebögen, die kultur-/länderübergreifend eingesetzt werden, wie zum Beispiel bei internationalen Mitarbeiterbefragungen. Hier erfolgt zu häufig aus Unwissenheit oder aus Kostengründen keine Rückübersetzung der Fragen und auch das kulturspezifische Antwortverhalten wird oftmals nicht berücksichtigt. Das kann dazu führen, dass die vermeintlich selbe Frage in unterschiedlichen Sprachen unterschiedlich verstanden und deshalb auch unterschiedlich beantwortet wird. Eine sehr differenzierte Darstellung dieser Probleme ebenso wie Lösungsansätze finden sich bei Brodbeck (2016).

Wo lassen sich Testverfahren in Unternehmen einsetzen?

5

In einem Unternehmen bieten psychologische Testverfahren vielfältige Einsatzmöglichkeiten und auf den ersten Blick scheint zumindest ein Großteil aller am Markt befindlichen Verfahren für alle Einsatzfelder geeignet zu sein. Tatsächlich stellen einige Einsatzbereiche aber ganz spezielle Anforderungen an die Auswahl und den Einsatz von Testverfahren. Nur wenn man diese Spezifika grundsätzlich, aber auch vor den Besonderheiten des einzelnen Unternehmens betrachtet, lässt sich entscheiden, wo ein Testverfahren einen Mehrwert liefert oder aber der Einsatz kontraproduktiv oder sogar schädlich sein könnte. Diese Überlegungen sollten sehr sorgsam angestellt werden. Denn wurden Testverfahren ersteinmal (auch nur probeweise) eingesetzt, sind die Ergebnisse und die damit verbundene Stimmungslage zum Verfahren nicht mehr aus der Welt zu schaffen und können nachhaltige negative Nachwirkungen haben.

5.1 Personalauswahl/Recruiting

Bei der Anwendung von psychologischen Testverfahren im Unternehmenskontext denkt man zunächst vor allem an die klassische Personalauswahl. Man spricht hier von Selektionsdiagnostik (Schmid-Atzert und Amelang 2012, S. 19). Hier werden Tests regelmäßig sowohl in der Phase der Vorauswahl von Bewerbern als auch in der Hauptauswahl eingesetzt (Sarges 2000, S. 497). Häufig wird dabei eine Kombination aus Leistungs- und Persönlichkeitstestverfahren angewendet. Die zunehmende Berücksichtigung überfachlicher Fähigkeiten bei der Personalauswahl zeigt sich in den letzten Jahren in deutschen Unternehmen auch in einem

© Springer Fachmedien Wiesbaden GmbH, ein Teil von Springer Nature 2020   29
T. Steininger, *Der Einsatz psychologischer Testverfahren in Unternehmen*,
essentials, https://doi.org/10.1007/978-3-658-28462-6_5

vermehrten Einsatz von Testverfahren wie Persönlichkeitsfragebögen (Hossiep et. al. 2015). Hierfür lassen sich gute Argumente finden:

- Gerade in Zeiten des Personalmangels und eines Arbeitnehmermarktes ist es notwendig, die Qualität der Auswahlentscheidungen zu erhöhen. Nicht nur um zu vermeiden, dass ungeeignete Personen eingestellt werden, sondern auch um sicherzustellen, dass Potential und geeignete Personen keinesfalls übersehen werden (Kersting 2015, S. 21).
- Eine zunehmend geringe Vergleichbarkeit der Abschlussnoten von Schulen und Hochschulen stellt gerade für die Vorauswahl von Bewerbern ein Problem dar (Gaens und Müller-Benedict 2017). Auch die Aussagekraft von Arbeitszeugnissen wird vielfach kritisch betrachtet (siehe hierzu u. a. Grau und Watzka 2016). Psychologische Testverfahren können dagegen (insbesondere bei der Vorauswahl) eine vergleichbare und vorurteilsfreie Einschätzung der Bewerber in Hinblick auf die für das jeweilige Unternehmen bedeutsamen Anforderungen liefern.
- Nicht nur, aber insbesondere bei Führungspositionen wird zunehmend darauf verwiesen, dass die aktuelle VUCA Welt (Volatility, Uncertainty, Complexity, Ambiguity) zunehmend die Fähigkeiten zu planen, Probleme zu lösen, komplexe Sachverhalte zu verstehen und sich darauf einzustellen erfordert. Also das, was man durchaus unter Intelligenz zusammenfassen kann. Auch werden Persönlichkeitsmerkmale wie Offenheit oder Aufgeschlossenheit gegenüber Neuem als erfolgskritisch eingestuft. Gerade diese Merkmale lassen sich mit Hilfe von Testverfahren schnell, kostengünstig und insbesondere bei der Intelligenz besser prüfen, als durch die meisten anderen Auswahlinstrumente (Kersting 2017, S. 28).

5.2   Personal- und Führungskräfteentwicklung

Neben der Personalauswahl können Testverfahren auch einen Mehrwert in der Personal- und Führungskräfteentwicklung liefern. Hierbei lassen sich grundsätzlich zwei Einsatzfelder unterscheiden: Einerseits können Tests auch unternehmensintern als Auswahlinstrument für Stellenbesetzungen oder für die Teilnahme an besonderen Entwicklungsprogrammen eingesetzt werden. Dies kann u. a. das Gerechtigkeitsempfinden hinsichtlich interner Auswahlentscheidungen und somit deren Akzeptanz positiv beeinflussen, da Klarheit über den Prozess besteht und jeder interne Bewerber an den gleichen Kriterien gemessen wird. Andererseits kann ein negatives Testergebnis natürlich nachhaltig frustrieren und demotivieren, was bei internen Auswahlentscheidungen besonders problematisch ist, da abgelehnte Personen ja im Unternehmen verbleiben. Daher sollte bei internen Auswahlprozessen besonders sorgfältig abgewogen werden, welche Merkmale man messen möchte und auch nur das erhoben werden, was unbedingt nötig ist. Auch wenn z. B. Intelligenz ein sehr guter Eignungsprädiktor ist, kann es für interne Bewerber schwer zu verkraften sein, wenn man bei einem negativen Ergebnis das Gefühl bekommt zu „dumm" für eine Führungsrolle im Unternehmen zu sein. Ein vertraulicher Umgang mit den Testergebnissen und eine ausführliche Rückmeldung an alle Bewerber sind weitere Voraussetzungen für einen erfolgreichen Einsatz. Idealerweise sollte es gelingen, auch abgelehnten Bewerbern Entwicklungsempfehlungen und/oder Maßnahmen an die Hand zu geben, um das gewünschte Ziel doch noch zu erreichen oder falls die Diskrepanz zum Anforderungsprofil zu groß ist, andere Entwicklungsperspektiven aufzuzeigen.

Neben internen Auswahlprozessen können Tests dazu eingesetzt werden, um Entwicklungspotentiale und -bedarfe oder Ausgangspunkte für eine Karriereplanung oder für Coaching-Maßnahmen zu ermitteln. Man spricht hierbei in Abgrenzung zur Selektionsdiagnostik von der Modifikationsdiagnostik (Schmid-Atzert und Amelang 2012, S. 19). Natürlich ist über Mitarbeiter im Unternehmen i. d. R. schon einiges bekannt, aber Tests können zusätzliche, nicht direkte beobachtbare Informationen liefern, um Fähigkeiten und andere leistungs- und erfolgskritische Merkmale einzuschätzen und in ihrer Konfiguration und ihrem Zusammenwirken zu beurteilen (Sarges 2000, S. 17). In Hinblick auf die eigene Selbstreflexion kann auch das Erkennen möglicher innerer Konflikte oder blinder Flecken hinsichtlich der eigenen Stärken, Potentiale, Handlungsfelder oder Karrierepläne erleichtert werden (Hossiep und Mühlhaus 2015, S. 129).

Für die Vorbereitung auf Auslandsentsendungen oder wenn die Zusammenarbeit mit Kollegen oder Kunden über Länder- und Kulturgrenzen hinweg erfolgt, können sogenannte interkulturelle Testverfahren eingesetzt werden. Diese erheben Fähigkeiten die notwendig sind, um erfolgreich mit Personen aus anderen Kulturen zusammenzuarbeiten und können so die Basis für Trainings- oder Coachingmaßnahmen bilden.

Auch wenn der Einsatz von Testverfahren bei Entwicklungsmaßnahmen weniger kritisch erscheint als bei der Personalauswahl, muss auch hier mit größter Sorgfalt vorgegangen werden. Die Ergebnisse können sowohl das Selbstbild der Teilnehmer und auch die Art wie diese von den Testern wahrgenommen werden nachhaltig beeinflussen. Dies kann im Sinne einer selbsterfüllenden Prophezeiung durchaus spürbare Auswirkungen auf die zukünftige Entwicklung der Testteilnehmer im Unternehmen haben. Insbesondere da zumeist Mitarbeiter aus dem Personalbereich mit den Ergebnissen umgehen, die die Entwicklungsmöglichkeiten der

Testteilnehmer bewusst oder auch unbewusst stark beeinflussen können. Auch deswegen sollten in diesem Einsatzbereich nur Verhaltens- und Leistungsdimensionen gemessen werden, die durch Personalentwicklungsmaßnahmen tatsächlich veränderbar sind.

5.3   Teamdesign und -entwicklung

Die Arbeit in Gruppen bzw. in Teams stellt nach wie vor die klassische Form der Zusammenarbeit in den meisten Unternehmen dar. Die richtige Zusammensetzung eines Teams ist hierbei ein wichtiger Erfolgsfaktor. Dabei kommt es nicht nur auf das Wissen und die Erfahrungen der Teammitglieder an. Auch individuellen Werte, Überzeugungen, Rollenverständnis sowie Persönlichkeitsmerkmale haben einen großen Einfluss auf die Qualität der Zusammenarbeit. Daher kann der Einsatz psychologischer Testverfahren auch in diesem Bereich sinnvoll sein. (Zur Definition und zur optimalen Zusammensetzung von Teams siehe z. B. Nerdinger (2014) oder van Dick und West (2013)).

Teambuilding oder Teamentwicklung zielt darauf ab, die Zusammenarbeit und Effizienz in bestehenden Teams zu verbessern, Probleme im Team zu beheben oder neu formierten Teams schnellstmöglich zu voller Leistungsfähigkeit zu verhelfen. In der Regel geht es vor allem darum, Barrieren abzubauen, Rollen und Verantwortlichkeiten zu klären sowie das gegenseitige Verständnis der Teammitglieder und damit die zwischenmenschlichen Beziehungen zu verbessern (Nerdinger 2014, S. 114). Ausgangspunkt für eine erfolgreiche Teamentwicklung sollte dabei stets eine Diagnose der aktuellen Zusammensetzung des Teams sowie der vorherrschenden Situation und der sozialen und aufgabenbezogenen Prozesse im Team sein. Erst wenn ausreichend Informationen hierzu gesammelt wurden, können passende Maßnahmen abgeleitet werden (Kauffeld und Schulte 2012, S. 577). Hierbei kann der Einsatz von Testverfahren hilfreich sein. Entscheidend ist allerdings, nicht irgendein beliebiges Verfahren zur Breitbanddiagnostik einzusetzen, sondern sich vorab ein ungefähres Bild davon zu machen, wo die Potentiale oder die Probleme des Teams liegen. Erst dann lässt sich ein passender Test auswählen. Grundsätzlich lassen sich hierzu zwei Ansätze unterscheiden: Es gibt spezifische Verfahren, die die Interaktionen (Kommunikation, Prozesse, etc.) innerhalb von Teams oder Organisationen messen.[1] Anderseits

---

[1]Beispiele für derartige Verfahren sind der Fragebogen zur Arbeit im Team (F-A-T) von Kauffeld (2004) oder der TKI Teamklima-Inventar von Brodbeck et al. (2001).

gibt es auch Verfahren, die die individuellen Rollen, Werte, Persönlichkeitsmerkmale der Teammitglieder und deren Passung zueinander erheben. Letztere sind natürlich deutlich „persönlicher" und erfordern daher eine ganz besondere Sorgfalt vor, während und nach ihrem Einsatz. Gerade in Hinblick auf die Ergebnisse letztgenannter Verfahren sollte es nicht das vorrangige Ziel sein, die Zusammensetzung des Teams zu verändern. Wird diese Absicht nämlich vor der Testdurchführung an das Team kommuniziert, könnte dies dazu führen, dass die Teilnehmer versuchen, das Ergebnis in eine bestimmte Richtung zu verfälschen (je nachdem, ob sie Teil des Teams bleiben möchten oder nicht). Wird eine Umgestaltung des Teams dagegen erst nach der Testdurchführung bekanntgegeben, wäre dies ein massiver Verstoß gegen das Transparenzgebot und würde das Vertrauen in den Einsatz entsprechender Verfahren nachhaltig schädigen. Der Mehrwert sollte vielmehr darin gesucht werden, dass sich die Teammitglieder gemeinsam vor Augen führen, dass es unterschiedliche Persönlichkeiten im Team gibt. Dies kann es erleichtern, bestehende Unterschiede besser zu akzeptieren, ein besseres Verständnis untereinander zu erreichen und die Zusammenarbeit insgesamt zu verbessern (Hossiep und Mühlhaus 2015, S. 129). Damit dies gelingen kann, ist bei der Auswahl des Verfahrens und der Interpretation der Ergebnisse darauf zu achten, dass nicht in gute oder schlechte Eigenschaften oder Merkmalsausprägungen unterschieden wird. Vielmehr sollte deutlich gemacht werden, dass jedes Teammitglied Stärken hat, die es zum gemeinsamen Erfolg einbringen kann. Unabhängig vom gewählten Testverfahren sind in jedem Fall eine umfassende Information der Teilnehmer über Inhalt und Zweck des Verfahrens vorab sowie eine Begleitung des Teams beim Umgang mit den Ergebnissen erforderlich.

Grundsätzlich können Testverfahren auch bei der Zusammensetzung neuer Teams (Teamdesign) zum Einsatz kommen. Allerdings werden Teams selten komplett neu gebildet bzw. wo dies z. B. im Rahmen von Projektteams passiert, sind in der Regel einige Mitglieder aufgrund organisatorischer oder fachlicher Gründe bereits gesetzt. Denkt man aber z. B. darüber nach, weitere Mitglieder in ein bestehendes Team aufzunehmen, macht es natürlich Sinn sich nicht nur über die fachliche, sondern auch über die persönliche Passung Gedanken zu machen. Hierzu kann eine Analyse des bestehenden Teams mit Hilfe eines Testverfahren durchaus Sinn machen. Falls dies nicht möglich ist, lohnt es sich dennoch anhand der Kriterien, die ein bestimmtes Verfahren misst, eine Fremdeinschätzung durchzuführen. Das Ergebnis hat natürlich i. d. R. nicht dieselbe diagnostische Aussagekraft, wie die tatsächliche Anwendung des Verfahrens. Aber es ermöglicht es dennoch, sich strukturiert über wesentliche Merkmale des Teams und deren Verteilung Gedanken zu machen und zu einer hilfreichen Einschätzung in Bezug auf die Auswahl neuer Teammitglieder zu kommen.

Wie wähle ich passende Testverfahren aus?   6

Ist nun die Entscheidung ein diagnostisches Verfahren einzusetzen getroffen, fällt die Auswahl nicht leicht: Allein im deutschsprachigen Raum gibt es eine fast unüberschaubare Anzahl von psychologischen Testverfahren (Schmid-Atzert und Amelang 2012). Zwar ist nur ein kleiner Anteil davon für die Anwendung in Unternehmen geeignet, aber auch hier nimmt die Zahl der angeboten Testverfahren stetig zu. Es ist also notwendig bei der Auswahl strukturiert und schrittweise vorzugehen.

6.1   Was soll gemessen werden?

Grundsätzlich sollte ein Testverfahren immer anhand einer konkreten Fragestellung ausgewählt werden. Erst wenn eindeutig geklärt und festgelegt ist, wofür ein Test genutzt, bei welcher Zielgruppe er eingesetzt und wie mit den Ergebnissen umgegangen werden soll, lässt sich zielgerichtet ein passendes Verfahren finden. Ein Testverfahren „einmal auszuprobieren", weil man es interessant findet ist aufgrund der vielfältigen Interpretationsmöglichkeiten wenig Erfolg versprechend und kann im schlechtesten Fall schädlich für Testteilnehmer und Unternehmen sein.

Folgende Schritte sollten daher immer erfolgen:

1. Der Einsatzzweck eines Testverfahrens muss eindeutig geklärt werden, insbesondere ob ein Einsatz zu Auswahl- oder Entwicklungszwecken angedacht ist und ob in der Folge Verfälschungsversuche ein Problem darstellen könnten (siehe Kap. 4).

© Springer Fachmedien Wiesbaden GmbH, ein Teil von Springer Nature 2020   35
T. Steininger, *Der Einsatz psychologischer Testverfahren in Unternehmen,*
essentials, https://doi.org/10.1007/978-3-658-28462-6_6

2. Danach muss festgelegt werden, welche Fähigkeiten, Fertigkeiten, Eigenschaften oder andere relevante Attribute gemessen werden sollen. Hier sollten sowohl tätigkeitsspezifische als auch tätigkeitsübergreifende Anforderungen (wie Flexibilität, Lernfähigkeit, etc.) berücksichtigt werden (Schuler 2014, S. 63). Eine solche Anforderungsanalyse ist aufwändig und wird unter anderem deshalb häufig vernachlässigt. Sie ist aber eine unbedingte Voraussetzung für einen sinnvollen Einsatz von Testverfahren. Hinweise zur konkreten Durchführung einer solchen Analyse finden sich z. B. bei Blickle (2014a) oder Schuler (2014).

Trainer und Coaches verbinden ihre Kerndienstleistungen zunehmend mit Testverfahren, die sie bei jedem Einsatz im Vorfeld durchführen wollen. Auch hier sollte unbedingt geprüft werden, ob der jeweilige Test tatsächlich inhaltlich zur Fragestellung passt und einen sinnvollen zusätzlichen Erkenntnisgewinn liefert (und nicht nur in erster Linie dem Dienstleister als Zusatzerwerb dient). Darüber hinaus ist es unbedingt ratsam sich ein genaues Bild davon zu machen, ob der Dienstleister auch die notwendige Fachkompetenz mitbringt, um das Verfahren professionell durchführen und interpretieren zu können. Zertifizierungen die häufig als Qualifikationsnachweis verwendet werden sollten geprüft und hinterfragt werden. Viele davon lassen sich sehr schnell (in 1–2 Tagen) erwerben und sagen nichts über die erforderliche Grundqualifikation der zertifizierten Personen aus[1].

6.2   Welches Verfahren ist für die Beantwortung der Fragestellung geeignet?

Ist der Einsatzzweck geklärt, lässt sich eine erste Vorauswahl von Testverfahren durchführen. Sich einen Überblick über in Frage kommende Verfahren zu verschaffen, ist allerdings nicht ganz einfach: Der Markt wächst sehr schnell und kommerzielle Anbieter vermarkten ihre Verfahren dabei zunehmend professioneller (und zum Teil auch aggressiver), während von Universitäten oder anderen wissenschaftlichen Institutionen entwickelte Tests dagegen kaum sichtbar sind.

---

[1]Anders zu bewerten sind Lizensierungen, die nicht auf einzelne Verfahren bezogen sind und umfassende Erfahrungen und Kenntnisse in der psychologischen Diagnostik voraussetzen, wie z. B. in Deutschland die Personenlizenzierung für berufsbezogene Eignungsdiagnostik nach DIN 33430 (Berufsverbandes Deutscher Psychologinnen und Psychologen e. V. (BDP), 2019).

Das ist möglicherweise ein Grund dafür, dass in Deutschland häufiger Verfahren von Beratungsunternehmen als wissenschaftlich etablierte Verfahren eingesetzt werden (Hossiep et al. 2015; Hülsheger und Maier 2008, S. 112). Ein sehr hilfreicher und strukturierter Überblick sowie umfassende Informationen über im deutschsprachigen Raum angewandte Testverfahren sowie über Testanbieter findet sich in den frei zugänglichen Publikationen und Onlinedatenbanken des Diagnostik- und Testkuratorium (DTK), einem Gremium von Diagnostikexperten (ZPID, Leibniz-Zentrum für Psychologische Information und Dokumentation 2019).
Folgendes sollte bei der (Vor-)Auswahl beachtet werden:

1. Man sollte sich nicht allein vom Namen des Testverfahrens oder Bezeichnungen der gemessenen Konstrukte leiten lassen (Schmid-Atzert und Amelang 2012, S. 362). Begriffe, die bei unterschiedlichen Testverfahren verwendet werden, haben nicht immer ein und dieselbe Bedeutung. Daher ist es wichtig, sich an den genauen Definitionen der gemessenen Merkmale sowie an den vom Anbieter genannten Anwendungsbereichen orientieren.
2. Tests sollten nach Möglichkeit nur die Fähigkeiten und Persönlichkeitsmerkmale messen, die für den Anwendungszweck relevant sind, um die Akzeptanz des Verfahrens bei den Teilnehmern sowie die (datenschutz-)rechtliche Zulässigkeit nicht zu gefährden oder nicht unangemessen tief in die Persönlichkeit der Testteilnehmer einzudringen (Miesen et al. 1999).

Exkurs: Die Testlänge
Wenn man sich nun mit den unterschiedlichen Testarten und Möglichkeiten auseinandergesetzt hat, besteht die Versuchung die Teilnehmer in Hinblick auf die gewünschten Merkmale möglichst umfassend testen zu wollen. Dies hat natürlich eine direkte Auswirkung auf die Länge des Testverfahrens und führt zu der Frage, wie lange ein Testverfahren maximal dauern sollte.
In Hinblick auf die Leistungsfähigkeit der Testteilnehmer kam eine Studie zu dem Ergebnis, dass sich die Testdauer in einem kognitiven Leistungstest nicht auf die Testleistung auswirkt, was nach Aussage der Autoren im Einklang mit den Ergebnissen anderer Studien steht (Kanfer und Ackerman 2009). Demzufolge ist eher in der Motivation der Teilnehmer bzw. in der Außenwirkung das limitierende Kriterium für die Testdauer zu suchen. Auch hier sollte wieder zwischen den Einsatzbereichen unterschieden werden: Im Entwicklungskontext sollte von einer größeren Eigenmotivation der Teilnehmer ausgegangen werden können, was eine länger Testdauer vertretbar macht. In Hinblick auf Auswahlsituationen insbesondere bei externen Bewerbern stellt sich diese Situation natürlich anders dar: Hier möchte man nicht riskieren, dass potenziell geeignete Bewerber den Test abbrechen, weil ihnen zu lang erscheint. Andererseits könnte dies allerdings auch als indirektes Kriterium für die Ernsthaftigkeit der Bewerbung und die Leistungsmotivation des Bewerbers gesehen werden.

6.3   Welche Qualität hat das Verfahren?

Ist ein inhaltlich passendes Verfahren gefunden gilt es dessen Qualität zu prüfen. Hierbei ist ein erstes Qualitätskriterium das Vorliegen einer Testbeschreibung, die nicht nur Marketingfloskeln, sondern detaillierte Informationen zum Test, dem theoretischen Hintergrund sowie den Gütekriterien enthält. In der Praxis kommt es durchaus häufig vor, dass Testanbieter diese Informationen mit den unterschiedlichsten Begründungen nicht zur Verfügung stellen. So wird z. B. der Schutz des Verfahrens vor der Konkurrenz genannt[2] oder darauf verwiesen, dass das Verfahren kein Test im eigentlichen Sinne oder etwas ganz Neues sei und daher die üblichen Qualitätskriterien keine Bedeutung haben. Häufig wird auch auf eine beeindruckende Anzahl von durchgeführten Testverfahren und auf zufriedene Kunden verwiesen, die das Verfahren für gut befunden haben. Dass damit lediglich die Beliebtheit oder die Augenscheinvalidität aber keinesfalls die tatsächliche Aussagekraft eines Instruments belegt werden kann, liegt an sich auf der Hand. Wie trügerisch solche subjektiven Qualitätseinschätzungen (auch in Bezug auf die eigenen Testergebnisse) sein können, lässt sich anhand des sogenannten Barnum- oder Forer-Effekts vor Augen führen: Bertram Forer (1949) konnte zeigen, dass Ergebnisbeschreibungen von Testverfahren so formuliert werden können, dass sich jeder Teilnehmer unabhängig von der tatsächlichen individuellen Merkmalsausprägung in ihnen wiederfinden kann. Kann oder möchte ein Anbieter also keine belastbaren Informationen zur Qualität seines Verfahrens vorweisen, so kann dies durchaus als Hinweis auf mangelnde Seriosität und Qualität gewertet werden (Kersting 2014, S. 3). Liegen diese dagegen vor, kann die Qualität anhand der theoretischen Grundlagen sowie den Haupt- und Nebengütekriterien beurteilt werden (siehe Kap. 2). Hilfreich kann hierzu die DIN 33430 sein, eine DIN-Norm für die interne und externe Personalauswahl, die Mindestanforderungen für die Information über Tests und Fragebogen beschreibt (Berufsverbandes Deutscher Psychologinnen und Psychologen e. V. (BDP) 2019; Westhoff et al. 2004). Darauf aufbauend hat auch das Diagnostik- und Testkuratorium (DTK) entsprechende Beurteilungsrichtlinien festgelegt sowie einzelne Tests und Fragebogen beurteilt (ZPID, Leibniz-Zentrum für Psychologische Information und Dokumentation 2019).

---

[2]Dass Anbieter nicht jedem potenziellen Kunden sofort ihren vollständigen Fragen- oder Aufgabenpool überlassen, ist damit nicht gemeint. Dies ist tatsächlich sehr gut mit dem Schutz des Instruments vor Wettbewerbern zu begründen und dient in sinnvoller Weise auch dazu, dass die Items keiner großen Masse bekannt werden, was einer Verfälschbarkeit Tür und Tor öffnen würde.

Ein ebenfalls sehr wichtiger Faktor bei der Entscheidung für ein Testverfahren ist die Qualität des Ergebnisberichts. Häufig wird sehr viel Zeit im Auswahlprozess auf die Prüfung der Testfragen/-aufgaben verwendet, aber vergleichsweise wenig darauf, wie die Ergebnisse dargestellt werden. So werden u. a. unterschiedliche Kenngrößen, wie Stanine-Werte oder Prozentränge zu Darstellung verwendet (siehe hierzu z. B. Schmid-Atzert und Amelang 2012, S. 164 ff.). Es muss sichergestellt werden, dass die Personen, die mit den Ergebnissen arbeiten, diese auch sicher lesen und interpretieren können. Wichtig ist auch, dass in den Ergebnisberichten die dem Test zugrunde gelegten theoretischen Modelle sowie die gemessenen Merkmale hinreichend erläutert und Hinweise für die Ergebnisinterpretation gegeben werden. Werden die Ergebnisse in Bezug zu einer Vergleichsgruppe gesetzt (also normiert) muss diese hinsichtlich zentraler Merkmale (Alter, Berufserfahrung, berufliche Position, etc.) beschrieben werden (Bothe und Kersting 2015).

6.4   Wer soll das Verfahren im Unternehmen anwenden?

Hat man ein Verfahren in die engere Auswahl genommen, muss entschieden werden, ob es durch externe Dienstleister oder durch interne Mitarbeiter durchgeführt, ausgewertet und interpretiert werden soll. Aufgrund der Art der erhobenen Daten kommen als interne regelmäßig nur Mitarbeiter aus dem Personalbereich infrage.

Eine interne Durchführung hat natürlich den Vorteil, dass das Verfahren jederzeit durchgeführt werden kann und keine über den reinen Testpreis und die Arbeitszeit hinausgehenden Kosten anfallen. Andererseits muss genau hinterfragt werden, inwieweit das Verfahren und die Ergebnisse im Unternehmen und bei den Testteilnehmern Anerkennung finden, wenn die Durchführung durch Unternehmensinterne erfolgt. Selbst wenn das Vertrauen in die unternehmensinterne Personengruppe, die den Test durchführen soll hoch ist, bleiben Bedenken hinsichtlich Vertraulichkeit und Datensicherheit eher bestehen, als wenn das Verfahren durch unabhängige externe Personen durchgeführt wird.

Hinsichtlich externer Anbieter sollte insbesondere geprüft werden:

• Sind die notwendigen Kompetenzen zur Testdurchführung vorhanden?
   Häufig wird die Durchführung von Tests nicht durch Mitarbeiter des Testentwicklers, sondern durch selbstständige Berater, Trainer, etc. angeboten, was eine Prüfung der Qualifikation ganz besonders wichtig macht. Eine Zertifizierung

für ein bestimmtes Verfahren ist kein ausreichender Qualifizierungsnachweis. Ergänzend sollten unbedingt die individuelle Ausbildung sowie der berufliche Lebenslauf der jeweiligen Person auf einschlägige und relevante Erfahrungen im Umgang mit Testverfahren geprüft werden.

- Verfügt der Anbieter über ausreichend Kapazitäten, um anfallende Testungen zeitnah durchzuführen und ist dies auch kurzfristig oder nur mit längerer Planung möglich?
- Kann der Anbieter auch bei der Interpretation der Ergebnisse oder der Durchführung von Feedbackgesprächen unterstützen?
Einige Anbieter von Onlinetestverfahren stellen lediglich die Testdurchführung/-auswertung zur Verfügung. Daher sollte geprüft werden, ob für die Arbeit mit den Ergebnissen weiterer Beratungsbedarf besteht und der Anbieter hier ebenfalls unterstützen kann.
- Sind die angebotenen Preise gerechtfertigt?
Gerade beim Einsatz in höheren Führungsebenen werden teilweise astronomische Preise genannt. Es sollte daher genau hinterfragt werden, was die eigentliche Testdurchführung kostet und ob die Höhe zusätzlicher Beratungskosten gerechtfertigt ist. Auch sollte geprüft werden, ob vergleichbare Informationen evtl. auch durch andere, kostengünstigere Verfahren gewonnen werden können.

Bei einer Durchführung durch unternehmensinterne Personen sollte insbesondere geklärt werden:

- Welche Personengruppe darf die Verfahren durchführen und interpretieren?
Hierzu sollten im Unternehmen Mindestanforderungen definiert werden, die sicherstellen, dass alle Personen, die Tests anwenden über ausreichende diagnostischen Qualifikationen und über testspezifisches Wissen verfügen. Auch im Personalbereich können die notwendigen diagnostische Kompetenzen keinesfalls vorausgesetzt werden und müssen unbedingt individuell geprüft und gegebenenfalls durch entsprechende Schulungen aufgebaut werden (Kanning 2012, S. 101).
- Wofür darf ein Test eingesetzt werden?
Es sollte immer festgelegt werden, wann, wofür und bei welcher Zielgruppe ein Test eingesetzt werden darf. Ansonsten besteht die Gefahr, dass ein Test über den ursprünglich angedachten Zweck hinaus eingesetzt wird, „weil er eben da ist" (siehe Abschn. 6.1).
- Sind für die internen Testanwender (kostspielige) Zertifizierungen durch den Testanbieter erforderlich und wie häufig müssen diese erneuert werden?

Was ist bei der Anwendung von Testverfahren in Unternehmen zu beachten?

Ist nun die Entscheidung für den Einsatz eines bestimmten Testverfahrens gefallen, möchte man natürlich schnellstmöglich in die Anwendung gehen. Bevor es jedoch soweit ist, gilt es für eine erfolgreiche Umsetzung noch weitere wichtige Dinge zu beachten. Da dies je nach Unternehmensstruktur und -größe sowie in Abhängigkeit von den beteiligten Personen sehr viel Zeit in Anspruch nehmen kann, ist es mehr als sinnvoll, diese Themen so früh wie möglich anzugehen. So lassen sich Verzögerungen bei der Testeinführung deutlich reduzieren.

7.1 Akzeptanz

Vor dem Hintergrund des immer problematischer werdenden Personal-/Fachkräftemangels wird zunehmend hinterfragt, ob man durch den Einsatz diagnostischer Verfahren nicht Gefahr läuft, die eh schon sehr spärlich gesäten Bewerber abzuschrecken. In einer Studie nannten 120 Personalverantwortliche aus deutschen Unternehmen, die Akzeptanz als wichtigstes Kriterium beim Einsatz von persönlichkeitsorientierten Verfahren im Unternehmen (Hossiep et al. 2015, S. 128). Die Frage nach der Akzeptanz spiegelt sich auch hinsichtlich der Personengruppen wider, bei denen Testverfahren zum Einsatz kommen: Gerade Intelligenztests werden vorzugsweise für die Auswahl von Azubis und Trainees eingesetzt, dagegen nur sehr selten bei der Besetzung von anspruchsvollen Fach- oder Führungspositionen. Sicherlich ist es gerade der letztgenannten Zielgruppe schwerer zu vermitteln, dass sie im Rahmen des Auswahlprozesses einen Test durchlaufen soll. Andererseits wiegt eine Fehlentscheidung um sehr schwerer, je weniger Bewerber verfügbar sind, bzw. je bedeutsamer die Position für das Unternehmen ist. Aus rein diagnostischer Sicht ist es daher nicht nachvollziehbar, auf die durchaus wertvollen

© Springer Fachmedien Wiesbaden GmbH, ein Teil von Springer Nature 2020   41
T. Steininger, *Der Einsatz psychologischer Testverfahren in Unternehmen,*
essentials, https://doi.org/10.1007/978-3-658-28462-6_7

(zusätzlichen) Informationen die Testverfahren liefern können bei bestimmten Zielgruppen aus Furcht vor mangelnder Akzeptanz zu verzichten.

Andererseits ist die Akzeptanz aus Personalmarketingperspektive im Sinne der sogenannten Candidate Experience (siehe hierzu u. a. Verhoeven (2016)) natürlich im Auge zu behalten. So kommt eine Meta-Analyse von Hausknecht et al. (2004) zu dem Ergebnis, dass Bewerber, die den Auswahlprozess positiv wahrnahmen, das jeweilige Unternehmen tendenziell positiver einschätzten und eher bereit waren ein Stellenangebot anzunehmen. Diese positive Wahrnehmung in Hinblick auf Testverfahren wird u. a. gefördert, wenn die Teilnehmer einen klaren Bezug des Tests zur beruflichen Tätigkeit erkennen können. Dies ist zum Beispiel durch arbeitsprobenartige Aufgaben realisierbar und wird bereits von vielen Anbietern umgesetzt. Auch der Hinweis darauf, dass Testverfahren zu einer objektiveren Auswahlentscheidung beitragen und somit alle Teilnehmer dieselben Chancen haben, kann zusammen mit einer umfassenden Information und Ergebnisrückmeldung (siehe Abschn. 7.3), die Akzeptanz weiter erhöhen.

7.2 Transparenz/Information/Vertraulichkeit

Sowohl vor der Einführung eines Testverfahrens im Unternehmen als auch gegenüber jedem Testteilnehmer ist Transparenz und Information ein entscheidender Erfolgsfaktor. Nur wenn die Teilnehmer genau wissen und verstehen, weshalb sie ein Testverfahren durchführen sollen, was das Verfahren misst, wie mit den Ergebnissen umgegangen wird und welche Konsequenzen ein bestimmtes Testergebnis für sie hat, öffnen sie sich für den Prozess. Dies ist insbesondere für Selbsteinschätzungsverfahren wichtig, bei dem es darauf ankommt, dass die Teilnehmer möglichst ehrlich antworten.

7.3 Rechtliche Voraussetzungen

Persönlichkeitsschutz

Das allgemeine Persönlichkeitsrecht das sich aus Art. 2 I GG (der freien Entfaltung) und Art. 1 I GG (der Menschenwürde) ableitet, ist selbstverständlich auch bei der Anwendung von Testverfahren zu beachten. In dieses Recht wird regelmäßig spätestens bei der Auswertung und Interpretation von psychologischen Testverfahren, insbesondere von Persönlichkeitstests eingegriffen (Hossiep und Mühlhaus 2015, S. 115). Deshalb ist in jedem Fall eine informierte Einwilligung der Testteilnehmer notwendig. Dies macht es auch aus rechtlicher

Sicht unbedingt erforderlich, den Teilnehmern alle relevanten Informationen vor der Durchführung zur Verfügung zu stellen, damit diese in die Lage sind, die Bedeutung und Tragweite einer Testteilnahme richtig einzuschätzen. Unabhängig davon ist ein Testverfahren nur dann zulässig, wenn es sich klar auf die relevanten beruflichen Anforderungen bezieht (siehe Kap. 3). Geht ein Test über dieses berechtigte Erkenntnisinteresse des Unternehmens hinaus, verletzt er zwangsläufig die Persönlichkeitsrechte der internen oder externen Teilnehmer.

Mitbestimmung
In Abhängigkeit davon, ob ein Test als Personalfragebogen (§ 94 Abs. 1 Satz 1 BetrVG), im Sinne allgemeiner Beurteilungsgrundsätze (§ 94 Abs. 2 BetrVG) oder als Auswahlrichtlinie (§ 95 Abs. 1 Satz 1 BetrVG) anzusehen ist, ist die Beteiligung des Betriebsrats zwingende Voraussetzung für den rechtssicheren Einsatz im Unternehmen. Eine Einbindung des Betriebsrats ist aber auch in Sonderfällen, in denen dies rechtlich nicht notwendig ist, durchaus sinnvoll und ratsam. Ein gemeinsames, abgestimmtes Vorgehen stärkt die Akzeptanz sowie das Vertrauen aller Beteiligten in das Verfahren. Kritikpunkte die sich vor allem auf Datenschutz, Transparenz und Anonymität beziehen (Hossiep al. 2015, S. 128) sind für einen erfolgreichen Testeinsatz so oder so zu berücksichtigen und können häufig durch frühzeitige Einbindung und umfassende Information abgebaut werden.

Datenschutz
Da im Rahmen von psychologischen Testverfahren personenbezogene Daten erhoben, verarbeitet und genutzt werden, muss auch die Datenschutzgrundverordnung (DSGVO) zwingend beachtet werden. Demnach ist zur Durchführung eine Erlaubnis notwendig, die sich nach Art. 6 Abs. 1 DSGVO entweder aus der DSGVO, einer anderen Rechtsvorschrift oder der Einwilligung des Betroffenen ergeben kann. Letzteres ist normalerweise beim Testeinsatz im Unternehmen der Fall. Daneben sind weitere rechtliche Anforderungen hinsichtlich einer in Betracht kommenden Auftragsdatenverarbeitung sowie des Zugriffs, der Speicherung und der Löschung von Testresultaten zu beachten, was den Einbezug des betrieblichen Datenschutzbeauftragten erforderlich macht. Wichtige Fragen sind hierbei u. a.:

- Wie wird mit den Testergebnissen umgegangen?
- Wer erhält Einblick in die Resultate: Externe Dienstleister, die Personalabteilung, der Testteilnehmer selbst, der Betriebsrat?
- Wer hat später wie lange und unter welchen Bedingungen Zugriff auf die Daten?
- Wie lange werden die Daten aufbewahrt, wann werden sie wie vernichtet und wie wird dies dokumentiert?

Was ist bei der Interpretation der Testergebnisse zu beachten?

8

Mindestens genauso wichtig wie die Qualität eines Testverfahrens ist der Umgang mit den Ergebnissen. Bei unternehmensinterner Anwendung sollten die Ergebnisse unbedingt mit den Teilnehmern individuell besprochen und gemeinsam interpretiert werden. Werden Verfahren zur Vorauswahl eingesetzt, kann es für die Zufriedenheit abgelehnter externer Bewerber im Sinne des Employer Brandings sinnvoll sein, zumindest eine Rückmeldung in Form einer kurzen Ergebnisübersicht zu geben.

Fast alle Verfahren, die für den Einsatz im Unternehmen konstruiert sind, werden normorientiert und nicht kriteriumsorientiert ausgewertet (siehe Abschn. 2.3). Das bedeutet, dass die Ergebnisse einen Vergleich mit einer Referenzgruppe darstellen und immer vor diesen Hintergrund interpretiert und kommuniziert werden müssen („Im Vergleich zur Referenzgruppe von 300 Führungskräften liegt ihr Ergebnis in diesem Merkmal höher/niedriger/auf gleichem Niveau."). Ob das jeweilige Ergebnis gut/passend ist oder nicht, kann gerade bei Persönlichkeitstests nur dem Hintergrund des jeweiligen Anforderungsprofils beurteilt werden. Spätestens hier wird klar, dass Ergebnisse berufsbezogener Verfahren ohne geeignete Normierung und ohne Anforderungsprofil i. d. R. nicht sinnvoll interpretierbar sind.

Bei der Interpretation sollte immer bedacht werden, dass eine hohe Intelligenz oder bestimmte Persönlichkeitsmerkmale kein Garant dafür sind, dass eine Person tatsächlich sehr gute berufliche Leistungen zeigen oder allgemein erfolgreich sein wird. Weitere Einflussfaktoren wie beispielsweise geringe Motivation, ungünstige (Arbeits-)bedingungen (Schmid-Atzert und Amelang 2012, S. 496) oder Berufszufriedenheit (Dawes und Lofquist 1984) können dazu führen, dass

© Springer Fachmedien Wiesbaden GmbH, ein Teil von Springer Nature 2020
T. Steininger, *Der Einsatz psychologischer Testverfahren in Unternehmen,*
essentials, https://doi.org/10.1007/978-3-658-28462-6_8

vorhandenes Potential nicht ausgeschöpft wird[1]. Auch deshalb können qualitativ hochwertige Testverfahren zwar gute Hinweise, aber keine 100 %ig zutreffenden Einschätzungen oder Vorhersagen liefern. Deswegen sollten Entscheidungen niemals auf der Grundlage eines einzelnen Tests getroffen werden und „can do"-Prädiktoren wie Intelligenztests, durch „will do"-Prädiktoren, wie Persönlichkeitstests, und durch „have done"-Prädiktoren, wie biografische Fragebögen oder Interviews, ergänzt werden (Hülsheger und Maier 2008, S. 117). In der Personal- und Teamentwicklung kann es sinnvoll sein, die Ergebnisse von Persönlichkeitstests durch Fremdeinschätzungen (Gespräch mit der Führungskraft, Austausch im Team, etc.) zu ergänzen und zu präzisieren, um mögliche Unterschiede in der Selbst- und Fremdeinschätzung aufdecken und bearbeiten zu können. Zudem muss unbedingt sichergestellt werden, dass Teilnehmer durch die Ergebnisse kein unveränderbares Label im Sinne einer Stigmatisierung erhalten, sondern immer auch Entwicklungsmöglichkeiten aufgezeigt werden.

---

[1]Allerdings können diese Faktoren deutlich stärker beeinflusst werden, als Intelligenz und Persönlichkeit weshalb deren Messung trotz aller Einschränkung sinnvoll ist.

Was Sie aus diesem *essential* mitnehmen können

- Qualitativ hochwertige psychologische Testverfahren können im Unternehmenskontext bei verschiedenen Fragestellungen sinnvoll eingesetzt werden und einen großen Mehrwert liefern.
- Ernst zu nehmende psychologische Testverfahren zeichnen sich durch besondere Eigenschaften und Qualitätsmerkmale (Gütekriterien) aus, die für die Auswahl eines Verfahrens hilfreich sind und daher immer geprüft werden sollten.
- Für eine erfolgreiche Anwendung von Testverfahren im Unternehmen ist es entscheidend, vor deren Einsatz eindeutig festzulegen, welche Fragen das Verfahren beantworten soll, was gemessen werden soll und wie mit den Ergebnissen umgegangen werden soll.
- Um einen rechtssicheren Einsatz von Testverfahren zu gewährleisten, müssen insbesondere Aspekte des Persönlichkeitsrechts, der betrieblichen Mitbestimmung sowie des Datenschutzes beachtet werden.

© Springer Fachmedien Wiesbaden GmbH, ein Teil von Springer Nature 2020   47
T. Steininger, *Der Einsatz psychologischer Testverfahren in Unternehmen,*
essentials, https://doi.org/10.1007/978-3-658-28462-6

Literatur

Amelang, M., & Bartussek, D. (1997). *Differentielle Psychologie und Personlichkeitsforschung* (4. Aufl.). Stuttgart: Kohlhammer.

Asendorpf, J. B. (2019). *Persönlichkeitspsychologie für Bachelor.* Berlin: Springer.

Ashton, M. C., & Lee, K. (2007). Empirical, theoretical, and practical advantages of the HEXACO model of personality structure. *Personality and Social Psychology Review, 11,* 150–166.

Barrick, M. R., & Mount, M. K. (2005). Yes, personality matters: Moving on to more important matters. *Human Performance, 18,* 359–372.

Barrick, M. R., Mount, M. K., & Judge, T. A. (2001). Personality and performance at the beginning of the new millennium: What do we know and where do we go next? *International Journal of Selection and Assessment, 9,* 9–20.

Bertua, C., Anderson, N., & Salgado, J. F. (2005). The predictive validity of cognitive ability tests: A UK meta-analysis. *Journal of Occupational and Organizational Psychology, 78,* 387–409.

Berufsverband Deutscher Psychologinnen und Psychologen e. V. (BDP). (27. Juli 2019). DIN 33430 Portal. https://www.din33430portal.de/din33430/portal.

Blickle, G. (2014). Anforderungsanalyse. In F. W. Nerdinger, G. Blickle, & N. Schaper (Hrsg.), *Arbeits- und Organisationspsychologie* (3. Aufl., S. 207–222). Berlin: Springer.

Blickle, G. (2014). Personalauswahl. In F. W. Nerdinger, G. Blickle, & N. Schaper (Hrsg.), *Arbeits- und Organisationspsychologie* (3. Aufl., S. 242–268). Berlin: Springer.

Boring, E. G. (1923). Intelligence as the Tests Test It. *New Republic, 36,* 35–37.

Bothe, P. S., & Kersting, M. (2015). Das Ergebnis ist entscheidend. Zum Aufbau von Gutachten zu Persönlichkeitsfragebogen. *Personalmagazin, 7,* 30–34.

Brodbeck, F. C. (2016). Internationale Mitarbeiterbefragung (MAB). In F. C. Brodbeck, E. Kirchler, & R. Woschee (Hrsg.), *Internationale Führung* (S. 208–222). Berlin: Springer.

Brodbeck, F. C., Anderson, N., & West, M. (2001). *TKI Teamklima-Inventar* (1. Aufl.). Göttingen: Hogrefe.

Buse, M., & Kramer, B. (2013). *Bernd Kramer: Ringe werfen und Kringel kritzeln.* Abgerufen am 03. 08 2019 von KarriereSPIEGEL. https://www.spiegel.de/karriere/personaldiagnostik-bei-der-jobsuche-die-durchleuchtungsmaschinerie-a-927931.html.

Crowne, D., & Marlowe, D. (1960). A new scale of social desirability independent of psychopathology. *Journal of Consulting Psychology, 24,* 349–354.

© Springer Fachmedien Wiesbaden GmbH, ein Teil von Springer Nature 2020   49
T. Steininger, *Der Einsatz psychologischer Testverfahren in Unternehmen,*
essentials, https://doi.org/10.1007/978-3-658-28462-6

Daumenlang, K., & Müskens, W. (2001). *FEO Fragebogen zur Erfassung des Organisationsklimas.* Göttingen: Hogrefe.

Dawes, R. V., & Lofquist, L. H. (1984). *A psychological theory of work adjustment.* Minneapolis: University of Minnesota Press.

Deary, I. J., Whalley, L. J., Lemmon, H., Crawford, J. R., & Starr, J. M. (2000). The stability of individual differences in mental ability from childhood to old age: Follow-up of the 1932 Scottish Mental Survey. *Intelligence, 28*(1), 49–55.

Diagnostik- und Testkuratorium (Hrsg.). (2017). *Personalauswahl kompetent gestalten: Grundlagen und Praxis der Eignungsdiagnostik nach DIN 33430.* Berlin: Springer.

Döring, N., & Bortz, J. (2016). *Forschungsmethoden und Evaluation in den Sozial- und Humanwissenschaften* (5. Aufl.). Berlin: Springer.

Dwight, S. A., & Donovan, J. J. (2003). Do warnings not to fake reduce faking? *Human Performance, 16*(1), 1–23.

Enzensberger, H. M. (2007). *Im Irrgarten der Intelligenz: Ein Idiotenführer.* Frankfurt a. M.: Suhrkamp.

Fisseni, H. (1990). *Lehrbuch der psychologischen Diagnostik.* Göttingen: Hogrefe.

Fitting, K., Auffarth, F., Kaiser, H., Heither, F., Engels, G., Schmidt, I., Trebinger, Y., & Linsenmaier, W. (2014). *Betriebsverfassungsgesetz: BetrVG.* München: Vahlen.

Flynn, J. R. (1999). Searching for justice: The discovery of IQ gains over time. *American Psychologist, 54,* 5–20.

Forer, B. R. (1949). The fallacy of personal validation: A classroom demonstration of gullibility. *The Journal of Abnormal and Social Psychology, 44*(1), 118–123.

Franke, G. (2002). Faking bad in personality inventories: Consequences for the clinical context. *Psychologische Beiträge, 44,* 50–61.

Frey, A. (2012). Adaptives Testen. In H. Mossbrugger & A. Kelava (Hrsg.), *Testtheorie und Fragebogenkonstruktion* (S. 275–294). Berlin: Springer.

Gaens, T., & Müller-Benedict, V. (2017). Die langfristige Entwicklung des Notenniveaus und ihre Erklärung. In V. Müller-Benedict & G. Grözinger (Hrsg.), *Noten an Deutschlands Hochschulen. Analysen zur Vergleichbarkeit von Examensnoten 1960 bis 2013* (S. 17–78). Wiesbaden: Springer.

Glaze, R. M., Arthur, W., Villado, A. J., & Taylor, J. E. (2010). The magnitude and extent of cheating and response distortion effects on unproctored Internet-based tests of cognitive ability and personality. *International Journal of Selection and Assessment, 18,* 1–16.

Gottfredson, L. S. (1997). Why g matters: The complexity of everyday life. *Intelligence, 24*(1), 79–132.

Grau, S., & Watzka, K. (2016). *Arbeitszeugnisse in Deutschland. Kritische Analysen zu ihrer Erstellung und Nutzung in der Personalauswahl.* Wiesbaden: Springer Gabler.

Hausknecht, J. P., Day, D. V., & Thomas, S. C. (2004). Applicant reactions to selection procedures: An updated model and meta-analysis. *Personnel Psychology, 57,* 639–683.

Hausknecht, J. P., Halpert, J. A., Di Paolo, N. T., & Gerrad, M. M. (2007). Retesting in selection: A meta-analysis of coaching and practice effects for tests. *Journal of Applied Psychology, 92*(2), 373–385.

Hossiep, R., & Mühlhaus, O. (2015). *Personalauswahl- und Entwicklung mit Persönlichkeitstests* (2. Aufl.). Göttingen: Hogrefe.

Hossiep, R., Paschen, M., & Mühlhaus, O. (2000). *Persönlichkeitstests im Personamangement.* Göttingen: Verlag für Angewandte Psychologie.

Hossiep, R., Weiß, S., & Schecke, J. (2015). *Ist Persönlichkeit gefragt? – Eine Erhebung unter den größten deutschen Unternehmen. (Forschungsbericht).* Bochum: Ruhr-Universität, Projektteam Testentwicklung.

Hui, C., & Triandis, H. (1989). Effects of culture and response format on extreme response style. *Journal of Cross-Cultural Psychology, 20,* 296–309.

Hülsheger, U. R., & Maier, G. W. (2008). Persönlichkeitseigenschaften, Intelligenz und Erfolg im Beruf. Eine Bestandsaufnahme internationalerund nationaler Forschung. *Psychologische Rundschau, 59*(2), 108–122.

Hunter, J. E., & Hunter, R. F. (1984). Validity and utility of alternative predictors of job performance. *Psychological Bulletin, 96,* 72–98.

Judge, T. A., Bono, T. A., Ilies, R., & Gerhardt, M. W. (2002). Personality and leadership: A qualitative and quantitative review. *Journal of Applied Psychology, 87,* 765–780.

Kanfer, R., & Ackerman, L. P. (2009). Test length and cognitive fatigue: An empirical examination of effects on performance and test-taker reactions. *Journal of Experimental Psychology: Applied, 15*(2), 163–181.

Kanning, U. P. (2012). Diagnostik zwischen Inkompetenz und Scharlatanerie: Phänomen, Ursachen, Perspektiven. *Report Psychologie, 37*(3), 100–113.

Kanning, U. P. (2014). *Sind Sie ein roter oder ein blauer Typ? – Über die Unsinnigkeit von Typologien.* https://www.haufe.de/personal/hr-management/psychologie-kolumne-sinnlose-typologien_80_212680.html.

Kanning, U. P., & Holling, H. (Hrsg.). (2002). *Handbuch personaldiagnostischer Instrumente.* Göttingen: Hogrefe.

Kantrowitz, T., & Dainis, A. (2014). How secure are unproctored preemployment tests? Analysis of inconsistent testscores. *Journal of Business and Psychology, 29*(4), 605–616.

Kauffeld, S. (2004). *Der Fragebogen zur Arbeit im Team (FAT).* Göttingen: Hogrefe.

Kauffeld, S., & Schulte, E.-M. (2012). Teamentwicklung und Teamführung. In P. Heimerl & R. Sichler (Hrsg.), *Strategie Personal Organisation Führung* (S. 560–594). Wien: Facultas.

Kersting, M. (2003). Augenscheinvalidität. In K. D. Kubinger & R. S. Jäger (Hrsg.), *Schlüsselbegriffe der Psychologischen Diagnostik* (S. 54–55). Weinheim: Beltz.

Kersting, M. (2008). Zur Akzeptanz von Intelligenz- und Leistungstests. *Report Psychologie, 33,* 420–433.

Kersting, M. (2013). Persönlichkeit ist keine Typfrage. Grundlagen zu Persönlichkeitsfragebogen. *Personalmagazin, 12*(13), 26–29.

Kersting, M. (2014). Persönlichkeitsfragebogen: Qualität lässt sich prüfen. *Wirtschaftspsychologie aktuell,* 1–4.

Kersting, M. (2014). Qualitätsstandards der Personalauswahl. In H. Schuler & U. P. Kanning (Hrsg.), *Lehrbuch der Personalpsychologie* (3. Aufl., S. 325–356). Göttingen: Hogrefe.

Kersting, M. (2015). Eignungsdiagnostik in Zeiten des Personalmangels: Bewährte Praxis und neue Akzente. In L. Gooßens, M. Kersting, & S. Koch (Hrsg.), *Auf die richtigen Mitarbeiter kommt es an – Eignungsdiagnostik und ihre Anwendung in der Sparkassen-Finanzgruppe* (S. 21–37). Stuttgart: Deutscher Sparkassen.

Kersting, M. (2017). Intelligenz der Manager testen. (…) Warum Personaler (…) nicht auf Intelligenztests verzichten sollten. *Personalmagazin, 9,* 28–32.

Kramer, J. (2009). Allgemeine Intelligenz und beruflicher Erfolg in Deutschland. *Psychologische Rundschau, 60*(2), 82–98.

Kubinger, K. D. (2009). *Psychologische Diagnostik: Theorie und Praxis psychologischen Diagnostizierens*. Göttingen: Hogrefe.

Kuroyama, J., Wright, C. W., Manson, T. M., & Sablynski, C. J. (2010). The effect of warning against faking on noncognitive test outcomes: A field study of bus operator applicants. *Applied H.R.M. Research, 12*(1), 59–74.

Lienert, A., & Raatz, U. (1988). *Testaufbau und Testanalyse*. Weinheim: Beltz.

Lück, H. E., & Timaeus, E. (1969). Skalen zur Messung Manifester Angst (MAS) und sozialer Wünschbarkeit (SDS-E und SDS-CM). *Diagnostica, 15,* 134–141.

MacCann, C., Ziegler, M., & Roberts, R. D. (2011). Faking in personality assessment: Reflections and recommendations. In M. Ziegler, C. MacCann, & R. D. Roberts (Hrsg.), *New perspectives on faking in personality assessment* (S. 309–329). New York: Oxford University Press.

Martin, B. A., Bowen, C. C., & Hunt, S. T. (2002). How effective are people at faking on personality questionnaires? *Personality and Individual Differences, 32,* 247–256.

McCrae, R. R., & Costa, P. T. (2008). The five-factor theory of personality. In O. P. John, R. W. Robins, & L. A. Pervin (Hrsg.), *Handbook of personality: Theory and research* (S. 159–181). New York: Guilford Press.

Miesen, J., Schuhfried, G., & Wottawa, H. (1999). ELIGO: Eine vorläufige Antwort auf Grundprobleme der testgestützten Eignungsdiagnostik. *Wirtschaftspsychologie, 6*(1), 16–24.

Moosbrugger, H., & Kelava, A. (2012). *Testtheorie und Fragebogenkonstruktion*. Berlin: Springer.

Müller-Glöge, R., Preis, U., & Schmidt, I. (Hrsg.). (2016). *Erfurter Kommentar zum Arbeitsrecht* (16. Aufl.). München: Beck.

Nerdinger, F. W. (2014). Teamarbeit. In F. W. Nerdinger, G. Blickle, & N. Schaper (Hrsg.), *Arbeits- und Organisationspsychologie* (S. 104–118). Berlin: Springer.

Neyer, F. J., & Asendorf, J. B. (2018). *Psychologie der Persönlichkeit*. Berlin: Springer.

Obermann, C. (2018). *Assessment center*. Wiesbaden: Springer.

Ortner, T. M., Proyer, R. T., & Kubinger, K. D. (2006). *Theorie und Praxis Objektiver Persönlichkeitstests*. Bern: Huber.

Paulhus, D. (1984). Two-component models of socially desirable responding. *Journal of Personality and Social Psychology, 46,* 598–609.

Plaum, E. (1996). *Einführung in die Psychodiagnostik*. Darmstadt: Primus.

Püttner, I., & Kersting, M. (2017). Rechtliche Rahmenbedingungen der Eignungsdiagnostik I. In Diagnostik- und Testkuratorium (Hrsg.), *Personalauswahl kompetent gestalten: Grundlagen und Praxis der Eignungsdiagnostik nach DIN 33430* (S. 20–25). Berlin: Springer.

Salgado, J. F. (1997). The five factor model of personality and job performance in the European community. *Journal of Applied Psychology, 82,* 30–43.

Salgado, J. F., Anderson, N., Moscoso, S., Bertua, C., & de Fruyt, F. (2003). International validity generalization of GMA and cognitive abilities: A European community meta-analysis. *Personnel Psychology, 56,* 573–605.

Salgado, J. F., Anderson, N., Moscoso, S., Bertua, C., de Fruyt, F., & Rolland, J. P. (2003). A meta-analytic study of general mental ability validity for different occupations in the European community. *Journal of Applied Psychology, 88,* 1068–1081.

Sarges, W. (2000). Personal – Auswahl, Beurteilung und Entwicklung. In J. Straub, J. Kochinka, & H. Werbik (Hrsg.), *Psychologie in der Praxis. Anwendungs und Berufsfelder einer modernen Wissenschaft* (S. 487–522). München: dtv.

Schmid-Atzert, L., & Amelang, M. (2012). *Psychologische Diagnostik* (5. Aufl.). Berlin: Springer.

Schmidt, F. L. (2002). The role of general cognitive ability and job performance: Why there cannot be a debate. *Human Performance, 15,* 187–211.

Schmidt, F. L., & Hunter, J. E. (1998). The validity and utility of selection methods in personnel psychology: Practical and theoretical implications of 85 years of research findings. *Psychological Bulletin, 124,* 262–274.

Schuler, H. (2014). Arbeits- und Anforderungsanalyse. In H. Schuler & U. P. Kanning (Hrsg.), *Lehrbuch der Personalpsychologie* (3. Aufl., S. 61–98). Göttingen: Hogrefe.

Schweizer, K. (2006). *Leistung und Leistungsdiagnostik.* Heidelberg: Springer Medizin.

Simon, W. (Hrsg.). (2006). *Persönlichkeitsmodelle und Persönlichkeitstests.* Offenbach: GABAL.

Steiner, H. (2009). Einführung: Online-Tests in der Personalentwicklung. In H. Steiner (Hrsg.), *Online-Assessment Grundlagen und Anwendung von Online-Tests in der Unternehmenspraxis* (S. 161–165). Berlin: Springer.

Stemmler, G., Hagemann, D., Amelang, M., & Spinath, F. (2016). *Differentielle Psychologie und Persönlichkeitsforschung* (8. Aufl.). Stuttgart: Kohlhammer.

Stern, E., & Neubauer, A. (2016). Intelligenz: kein Mythos, sondern Realität. *Psychologische Rundschau, 67*(1), 15–27.

van Dick, R., & West, M. A. (2013). *Teamwork, Teamdiagnose, Teamentwicklung* (2. Aufl.). Göttingen: Hogrefe.

Verhoeven, T. (Hrsg.). (2016). *Candidate Experience. Ansätze für eine positiv erlebte Arbeitgebermarke im Bewerbungsprozess und darüber hinaus.* Wiesbaden: Springer Gabler.

Westhoff, K., Hellfritsch, L. J., Hornke, L. F., Kubinger, K. D., Lang, F., Moosbrugger, H., et al. (Hrsg.). (2004). *Grundwissen für die berufsbezogene Eignungsbeurteilung nach DIN 33430.* Lengerich: Pabst Science Publishers.

Ziegler, M., & Buehner, M. (2009). Modeling socially desirable responding and its effects. *Educational and Psychological Measurement, 69*(4), 548–565.

ZPID, Leibniz-Zentrum für Psychologische Information und Dokumentation (27. Juli 2019) *Testbeurteilungssystem des Diagnostik- und Testkuratoriums.* www.zpid.de/tk.

Printed in the United States
By Bookmasters